跟大師
學創造力
4

達文西
的藝術創舉
＋
21個
趣味活動

珍妮斯‧賀伯特 Janis Herbert 著　陳佳琳 譯

Leonardo da Vinci

His Life and Ideas, 21 Activities

獻給傑夫

人體比例圖，達文西，1492

目錄

總導讀............................6

謝辭............................8

致讀者............................9

大事紀年表............................10

Chapter 1
在文西的男孩　13

設立工作室............................15

觀察大自然............................16

描繪鳥兒............................17

Chapter 2
年輕學徒　21

畫筆筒............................23

製作相框！............................25

人生面具............................27

廚房黏土............................29

動物藝術............................34

製作旗幟............................39

Chapter 3
激盪的天才　　　　　　　　　43

達文西的魯特琴 46

鏡像書寫 47

靈感筆記本 48

測量人體 50

行星化妝舞會 55

眼睛運動 57

達文西的午餐 61

製作鳥食 62

沙萊的茴香種子甜點 64

學點義大利文吧 67

製作降落傘風箏 70

飛彈和數學 76

Chapter4
「我即永恆。」　　　　　　　　79

地圖繪製的技巧 84

那棵樹有多高？ 86

文藝復興時代的藥草花園 95

名詞解釋 98

文藝復興時期重要人物簡介 100

參考資源 104

圖片出處 106

總導讀

鄭國威 （泛科學總編輯及共同創辦人）

身為一介投身科學知識傳播與教育領域的文科生，我一直在找尋兩個問題的答案。第一個問題是，要怎樣讓比較適合文科的孩子不要放棄對理科的好奇心與興趣？第二個問題是，要怎樣讓適合理科的孩子未來能夠不要掉入「專業的詛咒」。

選擇理科或文科，通常不是學生自己由衷的選擇，而是為了避免嘮叨跟麻煩，由環境因素與外人角力出的一條最小阻力路徑。孩子對知識與世界的嚮往原本就跨界，哪管大人硬分出來的文科或理科？更何況，過往覺得有效率、犧牲程度可接受的集體教育方針，早被這個加速時代反噬。當人工智慧加上大數據，正在代理人類的記憶與決策，而手機以及各種物聯網裝置，正在成為我們肢體的延伸，「深度學習」怎麼會只是機器的事，我們人類更需要「深度的學習力」來應對更快速變化的未來。

根據國際學生能力評量計畫（PISA，Programme for International Student Assessment），臺灣學生雖然數理學科知識排名前列，但卻缺乏敘理、論證、思辯能力，閱讀素養普遍不足。這樣的偏食發展，導致文科理科隔閡更遠，大大影響了跨領域合作能力。

文科理科繼續隔離的危害，全世界都看見了，課綱也才需要一改再改。

但這樣就能解決開頭問的兩個問題嗎？我發現的確有解法，而且非常簡單，那就是「讀寫科學史」，先讓孩子進入故事脈落，體驗科學知識與關鍵人物開展時到底在想什麼，接著鼓勵孩子用自己的話來回答「如果是你，你會怎麼做？」「如果情況變了，你認為當時的XXX會怎麼做？」等問題，來學習寫作與表達能力。

　　閱讀是Input，寫作是Output，孩子是否真的厲害，還得看他寫了什麼。炙手可熱的STEAM教育，如今也已經演變成了「STREAM」——其中的R指的就是閱讀與寫作能力（Reading & wRiting）。讓偏向文科的孩子多讀科學人物及科學史，追根溯源，才能真正體會其趣味，讓偏向理科的孩子多讀科學人物及科學史，更能加強閱讀與文字能力，不至於未來徒有專業而不曉溝通。

　　市面上科學家的故事版本眾多，各有優點。仔細閱讀過這系列，發現作者早就想到我尋覓許久才找到的解法。不僅故事與人物鋪陳有血有肉，資料詳實卻不壓迫，也精心設計了隨手就可以體驗書中人物生活與創造歷程的實驗活動，非常貼心。這套書並不只給孩子，我相信也適合每個還有好奇心的大人。

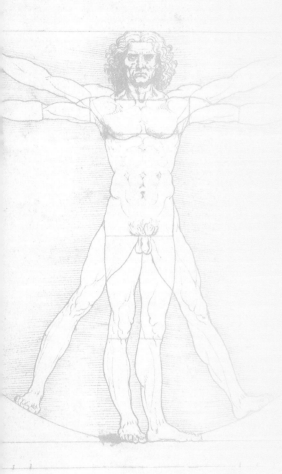

謝辭

　　謝謝理克‧迪森和安德烈‧穆勒對此書的貢獻，以及莎拉‧迪金森和卡密羅‧因賓伯的建議和支持。非常感謝瓊安‧桑莫斯的設計，完美反映了偉大藝術家達文西的精神。感激我那點子源源不絕的母親露絲‧羅斯的鼎力相助；辛西亞‧雪莉是最稱職的編輯；封面設計西恩‧歐尼爾才華洋溢；最重要的是，感謝我超棒的丈夫傑夫。謝謝，我愛你們。

致讀者

　　對於不熟悉的名詞可以參閱第98頁的本書名詞解釋；從第100頁開始的文藝復興時期重要人物簡介，有更多此書提到的歷史人物和藝術家們的相關資料；第104頁也有可用資源，列舉出和達文西和他的興趣相關的有趣網站，以及世界各地能夠欣賞其畫作的博物館。

大事紀年表

1438	古騰堡發明活字印刷術
達文西出生於文西	**1452**
1466	達文西成為委羅基奧的學徒
哥白尼出生於波蘭	**1473**
1482	達文西搬至米蘭
瘟疫奪走米蘭數千條人命	**1485**
1492	哥倫布橫渡大西洋發現新大陸
達文西開始繪製「最後的晚餐」	**1495**
1499	法國攻下米蘭 達文西返回佛羅倫斯
米開朗基羅雕刻大衛像	**1501**

1503   達文西開始繪製「蒙娜麗莎」

達文西返回米蘭   1506

1512   達文西搬到羅馬
米開朗基羅完成西斯汀禮拜堂的溼壁畫

馬基維利撰寫《君王論》   1513

1515   法蘭索瓦登基成為法國國王

達文西搬至法國   1516

1517   路德抨擊天主教教會，開始宗教改革

麥哲倫開始環球航行的探險
達文西逝世   1519

1543   哥白尼將地球繞太陽公轉的理論出版成書

麗達的頭像習作，
達文西，1505-1507

Chapter 1

在文西的男孩

　　一隻老鷹停在搖籃上，寶寶的母親急忙衝出院子，一邊揮舞著雙臂。「噓！」她大聲喊道。老鷹這才抬起翅膀飛走了。有那麼一瞬間，她以為老鷹會用利爪攫走寶寶，帶著寶寶越過山丘，幸好孩子平安沒事。當她彎下腰抱起寶寶時，他的目光跟隨著老鷹飛翔的路線，露出了微笑。

　　這個孩子就是達文西，1452年4月15日出生於義大利山巒遍布的托斯卡尼地區，靠近文西的小村落裡。他的母親卡特琳娜是個貧窮美麗的年輕農婦。他的父親瑟皮耶羅則是野心勃勃的年輕富家子弟，才剛開始從事公證人一職。達文西的雙親並沒有結婚，寶寶時期的他是由母親照顧撫養，將近兩歲時才被帶到父親的莊園生活。

繪畫源於自然。──達文西

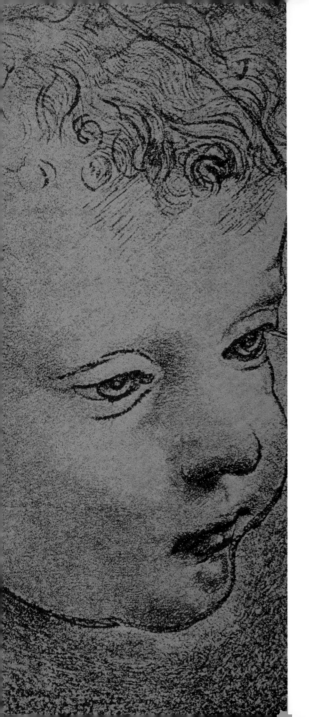

瑟皮耶羅常常出差，到鄰近城鎮旅行。後來他認識了年輕富有的阿貝拉·迪·吉歐凡尼·阿瑪多莉，並和她結了婚，兩人就在她位於佛羅倫斯的家安頓下來。他們決定將達文西留在文西，由祖父母和叔叔弗朗西斯科撫養長大。

弗朗西斯科叔叔只比達文西年長十六歲，儘管他還很年輕，家族的莊園卻是由他負責管理，田裡種植了橄欖、葡萄和小麥，他會去監督農忙。達文西很崇拜叔叔，老是跟著他到處跑。對達文西而言，叔叔無所不知。男孩和叔叔走過葡萄園和田地時，弗朗西斯科會教導達文西植物和草藥的名稱以及使用方法、如何觀察未來的天候徵兆，以及住在文西周遭山區的野生動物的習性。對於好奇心旺盛的男孩不斷提出的問題，弗朗西斯科從來不會感到厭煩。「告訴我，」達文西會這麼問，「河流從哪裡開始？」「告訴我什麼製造出閃電？」「告訴我繭裡頭的毛毛蟲發生了什麼事？」

當地神父教導達文西讀寫以及怎麼使用算盤，這是達文西唯一接受的教育。他花很多時間在鄉間漫步，研究大自然。他探尋文西附近山丘岩石累累的山洞；他沿著亞諾河河堤旁攀爬，來到激流瀑布後面；他走過開滿紅罌粟和藍矢車菊的田野；他會跳上祖父其中一匹未上鞍的馬，急馳在塵土飛揚的路上。有時他會躺在樹下幾個小時，望著葉片在湛藍天空下舞動。他羨慕鳥兒能夠在山丘和葡萄園間翱翔。

聖母子習作細節，達文西，1478

設立工作室

在家中規畫出一塊特別區域做為藝術創作空間。以下是你可能想放置的工具。

紙：紙有許多種類，各有不同用途。你可以在美術用品店購買用來寫字和素描的素描本，或是製作自己的素描簿（參考第48頁）。特殊吸水紙是用來畫水彩畫的，不過勞作紙的效果也很好。試著用不同種類的紙來作畫，看看自己最適合哪一種。只要確定不是閃亮亮的紙就可以，會發光的紙不會吸收顏料。油畫本適合用油畫和壓克力顏料作畫。讓手邊保有不同顏色的勞作紙，以供藝術創作之用。

鉛筆和橡皮擦：石墨素描鉛筆是用數字和字母分級。等級從「10H」（非常硬）到「10B」（非常軟）。入門最好使用「HB」的鉛筆。這種鉛筆可以同時勾勒強勁的暗線和更精緻的線條。在美術用品店裡試用看看不同等級的筆。記得在那裡買幾個橡皮擦。素描軟橡皮擦妙用無窮，它能捏成你所需要的任何形狀，用來擦掉鉛筆痕跡。削鉛筆機也是必要用品。

顏料：嘗試使用不同種類的顏料，比如水彩、蛋彩、壓克力和油畫顏料，從幾個基本顏色著手。每種顏料擁有不同的特性，需要應用不同的技巧。經過一段時間後，你會發現你偏好使用某種顏料。許多顏料都有套裝組，將顏色混合在一起就能創造出更多色彩。

畫筆：畫筆也有各種尺寸和類型。同樣的，你可能想試試不同的畫筆，好找出你最喜歡的是哪一種。有圓頭筆和平筆，以及精細筆法和粗線條專用的畫筆。畫筆上的數字代表粗細（數字愈大，畫筆愈粗）。有的畫筆用起來可能比其他畫筆更順手。選購筆毛平整、濃密的好畫筆，且每次使用後，務必要用肥皂和水徹底清洗。

其他繪畫用具：你可以用舊盤子當作調色盤來調製壓克力和油畫顏料。使用水彩顏料時，準備幾個杯子來裝水。你會想要在手邊預備一些舊衣服和圍裙。報紙很方便，可以用來鋪在桌面或地上。你也會需要一些舊布或紙巾來清理髒亂。

雜物：你在進行本書中的活動時，會需要用到尺、剪刀、膠水、釘書機、碎布、舊雜誌、硬紙板和繩子等物品。

把工作空間弄得漂漂亮亮的，並用會帶給你靈感的東西裝飾一番。

觀察大自然

孩提時代,達文西總是在戶外研究鳥類和植物。他發現要學習某項事物最好的辦法就是仔細觀察。

材料

◆ 素描本或筆記本　◆ 鉛筆
◆ 蠟筆或粉筆　◆ 紙袋或小盒子
◆ 錄音機(非必要)

散步到附近的公園或你最喜歡的自然景點尋找動物生活的跡象——鳥巢、蟻塚、繭、蜘蛛網、動物足跡,甚至是昆蟲的屍體。留意不同的植物和樹種,並仔細觀察它們的樹皮、樹葉、花朵和種子。

觀察周遭不同的色彩、形狀和結構。當你發現有東西引起你的興趣,可以坐在附近並將其畫成素描。不用擔心畫得不好,因為這本筆記本只有你會看。

你可以試著拓印樹皮,將一張紙覆蓋在樹皮上,用蠟筆或粉筆摩擦,拓印出樹皮花紋。從那棵樹收集樹葉和種子,其他的樹也如法炮製。樹皮花紋有所不同嗎?你找到幾種不同形狀的樹葉?

盡可能保持安靜,聚精會神的聆聽。注意你聽到的所有不同聲音。你有聽到鳥兒、松鼠、植物、汽車、流水和自己呼吸的聲音嗎?用錄音機錄下這些聲音。在筆記本裡寫下時間和你聽到的所有聲音。

將你發現的有趣物品收集起來,比如石頭、貝殼、樹葉、花朵和死掉的昆蟲,將它們放入袋子或盒子裡。你也許會想將花朵壓在很重的書下面,然後黏在筆記本裡。如此一來,往後你就能研究這些東西,並在畫靜物畫或拼貼畫時使用它們,或是像達文西一樣應用於其他藝術作品中。

有時他會調轉方向,騎馬經過母親的家。自他被帶離她的茅草泥牆屋後,她就嫁人了。她和丈夫,愛吵架的阿卡塔布里佳,在城鎮外幾公頃的田地裡栽種農作物。她後來又生了一個兒子和四個女兒。她對達文西一直都很親切,但每次他去看她時,總會感到悲傷且飽受冷落。母親有了新的家庭,而父親則遠在他鄉,關心的是其他事物。瑟皮耶羅的年輕妻子阿貝拉過世後,很快又娶了另一個佛羅倫斯女人,弗朗西斯卡。達文西對他的這個家庭感到很陌生。

有鑑於此,達文西學會關心自己和周遭事物。他發覺每件事都很有趣,他所見的一切都讓他想要更深入的了解。他散步時會帶著紙和粉筆,將所見畫成素描。他研究鳥類和動物的動作、

描繪鳥兒

畫畫或是替某樣東西上色時，你會注意到以前沒有發現的細節，那正是為什麼達文西長大後能夠成為大藝術家和偉大科學家的原因。他是如實畫下大自然事物的第一批藝術家之一。他在素描和繪畫鳥兒時，學到很多關於鳥類的解剖結構或身體構造的知識。

材料
◆ 水彩顏料　◆ 畫筆
◆ 一杯水　　◆ 吸水紙

用顏料玩出新花招！試著習慣握筆，嘗試不同筆法。用畫筆沾一點水或很多水，看看畫出來會有什麼不同。混合顏料調出新色彩。接著將工具帶到戶外，坐在院子裡靠近餵鳥器的地方，或去公園或動物園──任何你能找到鳥兒的地方，安靜的坐著，直到鳥兒停在你附近供你作畫。

畫鳥頭時，將吸飽水的畫筆輕輕蘸一點顏料，垂直握著畫筆（直直的）接觸紙面，將畫筆往下壓，用手指的力量將筆往右扭。（這些指示是針對右撇子藝術家。如果你是左撇子，往反方向即可。）畫鳥兒胸部時要多蘸一些顏料，水平握著筆（往旁邊）接觸紙面。將筆尖放在紙上，往自己的方向向下拉。畫翅膀時，垂直拿著畫筆往下壓，朝自己這邊拉過來，再將手抬起來讓線條逐漸變細。從尾巴尾端開始畫

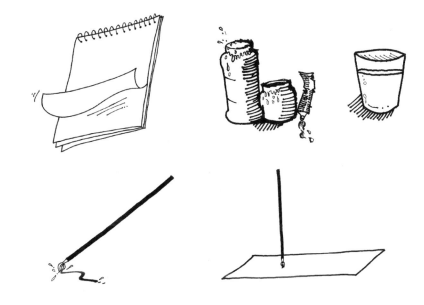

尾巴的羽毛，垂直握筆，筆尖輕觸紙面，往上朝身軀畫過去。然後加上鳥腿、腳爪和鳥嘴等細節。找找看鳥類身上有沒有特殊斑紋，蘸一點點顏料，將其一併畫出來。有些鳥兒有黑色鳥眼紋，有些有條紋翅膀。有些鳥兒的胸膛上則有斑點——垂直握筆，在紙上畫點。畫條紋時，以同樣方式握筆，畫出細小線條。你會發現鳥類有許多不同色彩、形狀和大小。

樹木植物的生長方式、他在河床發現的石頭、田野裡的光線，以及濃密森林裡的陰影。

　　達文西在鄉間的簡單生活，在祖父去世、叔叔弗朗西斯科結婚後宣告結束。他的家人認為他不再屬於文西，贊成他搬去和父親以及新繼母同住。於是這個十四歲的男孩收拾了少數的行李，離開鄉間，前往佛羅倫斯。

「基督受洗」細部，
委羅基奧和達文西，1472-1475

Chapter 2

年輕學徒

佛羅倫斯這座城市雄偉磅礡！高牆上矗立著高塔，圍繞著城市。走近時，達文西可以看到佛羅倫斯的屋頂、塔樓和教堂尖塔交錯，以及一座主教堂聳立的大圓頂。他等不及要探索一番。城門的警衛檢查他少得可憐的行李，他因為興奮而坐立不安。

佛羅倫斯是貿易樞紐，是座繁忙的大城市，來自不同地方的人潮和物品聚集於此。小販大聲叫賣貨物，桌上堆滿遠道而來的美麗染布、絲質布料和香料。驢子拉著沉重的運貨兩輪車走在鵝卵石街道上。農夫在滿是水果和蔬菜、肉和乳酪的貨攤前採買。穿著天鵝絨披風的神父和貴族大剌剌的走過時，人潮自動讓道。達文西張口結舌的看著人們、聽著聲響和飽覽熙來

攘往的景象。他向上望著佛羅倫斯巨大的石砌建築，許多建築物的頂端屹立著尖塔。他在前往父親家時，經過寬廣的拉爾加路，身旁盡是驢子、手推車和洶湧人群。他順道經過赫赫有名的梅迪奇宮，想著他未來是否能認識住在裡面的權貴人士。梅迪奇家族是銀行家和富商世家，統治佛羅倫斯超過百年。達文西的新家是座大城市，和位於丘陵的恬靜村莊迥然不同。

抵達父親的家之後，達文西發現自己不會待太久。瑟皮耶羅早就決定該是這位年輕人學習一技之長的時候了。當時，十二、十三歲的男孩去工作是稀鬆平常的事。女孩在結婚前則是在家裡幹活，但家人會將兒子送去商人或工匠那兒當幾年的學徒。

達文西可以做什麼呢？他沒受過正式教育，又在鄉下長大，再加上非婚生子女的身分，使得他無法從事跟父親一樣的行業和其他許多工作，也無法成為醫生或律師，甚至不能上大學。很多公會不能接受像達文西這種背景的年輕人。

但是當瑟皮耶羅看著兒子背包裡的繪畫作品時，他知道達文西該做什麼了。他將畫作放在摺起來的衣袖裡，帶去知名藝術家安德烈·德爾·委羅基奧的工作坊。

委羅基奧是當時最偉大的雕刻家，也是有權有勢的梅迪奇家族的御用雕刻師。他有張國字臉，頂著黑色捲髮，他那不苟言笑的模樣顯示工作就是他

「賢士來朝」細部，達文西，1481-1482

22

的人生。他明察秋毫，當他看到達文西的畫作時，他就知道這位年輕人日後會成為比他更偉大的藝術家。委羅基奧在阿尼歐洛街的工作坊一如佛羅倫斯的街道般喧囂吵雜。他的工作坊接受繪畫、雕像、家居裝飾、盔甲、珠寶和各式各樣的委託工作。

當達文西第一次看見委羅基奧的工作坊，他大開眼界。大門對著街道敞開，繁忙多彩的城市生活湧入室內。玩耍的孩童和他們的狗兒跑過房間。有時豬或雞還會誤闖進來！委羅基奧大師站在這片騷攘的正中央，對一切動靜瞭若指掌，指揮年輕學徒進行各項工作。畫筆、槌子和鑿子，還有素描和進行中的工作藍圖一起掛在牆上。一位年輕人正在為窯生火。其他人則是捶打著盔甲，將石頭敲成粉末。到處都是畫架、工作臺和模特兒。

達文西的父親和委羅基奧握手。年輕的達文西現在是這位偉大藝術家的學徒了。他將會花許多年當學徒，並在委羅基奧的指導下學習當個藝術家。

時光荏苒，達文西逐漸長成一名英俊強健的年輕人。他工作時數長，晚上和其他學徒睡在樓上的宿舍裡。委羅基奧大師為人親切卻嚴厲，他的學徒必須非常努力工作。最初幾個月，達文西只有掃地和清洗畫筆的分，他聽著其他學徒和工匠的交談。他留意著周遭一切的動靜。而在委羅基奧的工作坊裡有太多活動在進行！佛羅倫斯的有錢人會進來讓人繪製畫像。他們要求委羅基奧製作金銀首飾、盔甲和盾徽、雕像、餐具和家具。委羅基奧和學徒甚至製造教堂的大鐘和守衛城市用的加農砲。這類工作由年紀較長的學徒完成。

達文西先是負責清理和掃地，然後他被分配到研磨顏料的日常工作。他每熟悉一項技藝後，就被賦予更艱難的差事。他磨亮青銅雕像；他學會如何

畫筆筒

自製一個裝畫筆的繽紛筆筒會讓你的工作室增添搶眼色彩。

材料

◆ 報紙
◆ 乾淨的空玻璃瓶
◆ 壓克力顏料
◆ 畫筆

在桌面上鋪上報紙，一隻手伸進瓶子將瓶子拿穩，另一隻手在上面繪製圖案。從瓶底開始往上畫最為輕鬆。放著晾乾一個小時。用這個瓶子放置畫筆和鉛筆。（畫完畫後馬上清洗畫筆，然後將筆尖朝上收放在筆筒裡，這樣能延長畫筆的壽命。）

製作畫筆；他準備繪畫用的木板。他期盼有一天他能使用這些物品，而不只是為其他藝術家準備。在這段期間，他只要一有空就會畫素描。

有一天，委羅基奧接到一項非常重要的委託。佛羅倫斯聖母百花大教堂在建造將近兩百年後，終於快竣工了。最後的裝飾是要在教堂頂端放一個大型青銅球體。這在創造上是個挑戰，因為球體直徑長達約六公尺，重量超過兩噸。不僅要製造出來困難重重，委羅基奧和學徒們還得想辦法將它安置在教堂頂端！達文西領悟到藝術不只是拿畫筆，還有很多東西要學習。藝術家們得用青銅鑄製球體、研發建築藍圖，甚至還要設計安置球體時要使用的起重機和滑輪。為了這份委託工作，藝術和工程學必須攜手合作。學徒們在工作坊計算和設計了好幾個月。藍圖覆蓋了牆面。春天安置球體時，整個城鎮的人都出來觀看。

「音樂家肖像」，達文西，1490

製作相框！

假裝你是委羅基奧工作坊裡的學徒，要製作一個相框。遵照這些指示，你就能為自己或朋友做個裝小照片的相框。

材料

- ◆ 剪刀　◆ 鋁箔烤盤　◆ 尺
- ◆ 筆（非必要）
- ◆ 約20公分×28公分的硬紙板（可以用穀片紙盒的背面）
- ◆ 約8公分×6公分大小的照片
- ◆ 白膠　◆ 釘書機

剪下鋁箔烤盤的圓形底部。（小心不要被鋁箔的尖銳邊緣割傷。）在圓形中央剪出8公分×6公分大小的長方形。這就是相框的正面。許多派盤上面就有圖案，但如果你的沒有，用筆抵著派盤背面敲出圖案，小心不要讓筆戳破烤盤。在長方形四周敲出圖案。

從硬紙板剪出和派盤同樣大小的圓形做為背面。剪出另一塊8公分×6公分的長方形硬紙板。這是相框的支架。將照片擺在硬紙板中央黏起來。將烤盤放在硬紙板上，中央對準照片。用釘書機沿著圓形邊緣將兩片釘起來。將硬紙板支架上方約1.3公分處，黏在相框背面距離底部約三分之一的地方。

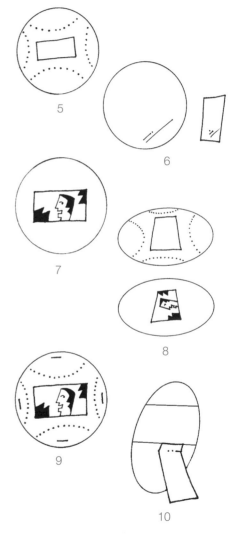

與此同時，工作坊還得雕鑿大理石墓碑、製作石膏死亡面具、設計盾徽和旗幟。達文西終於得到允許協助小型委託工作，他很高興能夠使用自己製造的畫筆。他繪製圖畫的背景，也為委羅基奧的雕像當模特兒。大師捕捉到達文西精緻五官的神韻和濃密捲曲的頭髮，應用於大衛像中。

藝術家們喜歡在工作坊聚會談天。委羅基奧的偉大才華吸引許多藝術家前來向他學習。有時，其中一名學徒會拿起魯特琴坐在角落彈奏。年輕人為想法辯論，討論彼此的進展，互相學習新技巧。

從北歐來訪的藝術家才剛將油畫引進義大利，委羅基奧的學生對這種新的媒介感到躍躍欲試。達文西花了很多時間混調不同材料，想看看最棒的顏料會是什麼。他研磨不同材質做為顏料，再用亞麻仁油或核桃油加以混合。他勇於嘗試使用油畫顏料的新技巧。達文西在使用新媒介上展現出高超技巧，因此他很快就超越其他人。

藝術家們討論的另一個新概念是如何在畫作中表現出透視法和景深。達文西之前的時代，畫作中

大衛像，委羅基奧，1476

人生面具

人們常常託求委羅基奧製作死亡面具，那是死人面具，親友將它當成紀念品。而這裡要做的是人生面具，展露你的內在自我——你的興趣、嗜好和夢想。

材料

◆ 剪刀　◆ 白膠
◆ 約22公分×28公分的硬紙板（可以使用筆記本的封底）
◆ 舊雜誌、明信片和照片
◆ 蠟筆或彩色馬克筆
◆ 顏料（非必要）
◆ 畫筆（非必要）　◆ 釘書機
◆ 約25公分長的繩子

在硬紙板上剪出當作眼睛、鼻子和嘴巴的洞。從雜誌、明信片和照片上剪出能夠代表你喜歡的事物的圖畫、字眼和句子。如果你喜歡運動，可以剪下人們正在打籃球的圖片。你有養寵物嗎？也許你想用你家的狗或貓的照片。倘若你喜歡大自然，出門去收集樹葉和花朵來做你的面具。還有，剪出你覺得能描述自己的字眼。

在面具上拼貼所有這些圖片和字眼，用膠水黏到硬紙板上。你也可以用蠟筆、馬克筆或顏料裝飾面具。將硬紙板完全覆蓋住。用釘書機將繩子兩端釘在面具背面離頂端約8公分的地方。將面具掛在牆上。

顏料和油彩

　　我們在美術用品店可以買到現成的顏料，但是當達文西在委羅基奧的工作坊裡當學徒時，他得自己研磨顏料。來訪的法蘭德斯藝術家將油畫引進義大利。早期藝術家是使用蛋彩和水彩顏料。使用油畫顏料作畫，讓藝術家能創造不同色調，即使塗上好幾層也不會讓顏色全都混在一起。油畫顏料能平滑的塗在表面上，不會流掉。

　　顏料（或是說油彩）是由許多東西製成的，比如礦石、寶石和植物。藝術家將這些原料研磨成細緻粉末，然後用油或水之類的液體加以混合製作成顏料。群青色，一種亮藍的顏色，是研磨青金岩這種寶石製成的；藝術家壓碎番紅花來製造亮黃色顏料，他們甚至把埃及木乃伊壓碎，研磨成棕色顏料！黑色顏料來自燒焦的木頭和煤灰，綠色來自銅，紫色則是來自壓碎的貝殼。

　　在引入油畫顏料前，藝術家們使用的是蛋彩顏料。他們將顏料研磨成粉末，用蛋黃調合。在達文西的時代，他們通常在覆蓋亞麻布的木板上使用這類顏料。換成要在牆壁上以「溼壁畫」技巧（參閱第74頁的解釋）繪製時，他們則使用水彩顏料。金箔葉片曾經盛行一時。藝術家將黃金敲打成薄薄的金箔，壓貼在畫作表面。

上：「獻金」，馬薩其奧，1427
下：「寶座聖母像」細部（祭壇背壁裝飾正面），杜奇歐，1308-1311

的物品和人物都以平面二次元的方式呈現。佛羅倫斯的藝術家發展出繪製擁有立體景深的物品和人物的技巧。達文西學會在繪畫時仔細計算線條的位置以創造出透視的錯覺。他將數學和幾何學應用於他的藝術作品中。

那是個令人振奮的時代，藝術家們適得其所。佛羅倫斯是藝術和雕刻重鎮，達文西只要有空能夠離開工作坊，就會去觀賞藝術作品。他會花好幾個小時觀摩佛羅倫斯的溼壁畫、神龕和雕像。他也求教於科學、數學和哲學界的老師。

達文西發現萬事萬物都以某種方式相互聯繫，而他想學會全部的精髓。他使用在繪畫中學會的技巧，就像孩提時一樣，無論到哪裡都帶著紙和粉筆，將看到的一切畫成素描。

廚房黏土

達文西在委羅基奧的工作坊裡學會如何以青銅、大理石和紅土陶製作雕像。你可以用蠟或肥皂雕刻雕像，用從店裡買來的模型黏土捏製形狀，或利用你在廚房裡製造出來的這種黏土。

材料

◆ 4杯麵粉　◆ 1杯鹽　◆ 碗　◆ 1又1/2杯的水

在碗裡混合麵粉和鹽，加水後充分用手搓揉直到表面變得平滑。如果你想要做出彩色的黏土，可以將麵團分成幾份，在各個小麵團中加入幾滴食用色素，再繼續搓揉直到顏色均勻為止。你的黏土現在可以捏製成任何形狀，如果你用保鮮膜將黏土包起來，存放在冰箱裡，可以保存一個禮拜。

透視法

中世紀的繪畫，物品和人物看起來是平面的，而且比例怪異。到了文藝復興時期，藝術家才開始在繪畫中採用透視法，如實繪製大自然裡的立體事物。

好好想想，要在平面繪畫中表現出深度和空間絕非易事。達文西在筆記本裡寫下透視法的重點，他說：「大小相同的東西，距離眼睛最遠的看起來會最小。」在真實世界裡，距離較遠的東西看起來確實比較小。只消親自去觀察一排電話桿，你就知道此言不虛。即使電話桿的尺寸是相同的，靠近自己的電話桿看起來會比遠處的大。文藝復興時期的藝術作品就像真實人生，愈近的人物看起來較大，愈遠的則較小。你可以在第41頁的鐵軌繪製圖看見另一個透視法的範例，平行線在離自己更遠的地方看起來好似交叉在一起。在藝術領域中，線條交會的點被稱為消失點。

透視法亦指從不同角度觀看，物品的模樣也會有所變化。如果你直視一個盒子，你會看見正方形。但如果你從另一個角度看它，你會看見一個有深度和寬度的立體盒子。

達文西和同時代的藝術家將數學運用到繪畫中，以計算物品的位置。他們也使用其他技巧來展現透視法，比如明暗和色彩。他們以模糊的筆觸繪製較遠的物品和人物，在現實世界中，遠處的東西看起來就是這樣。使用較淡的顏色或藍色色調的色彩也能創造出較遠的效果。

達文西認為，對畫家而言，了解如何使用數學和色彩來繪畫是相當重要的，而非只是複製臨摹其他藝術家的作品。他說，缺乏這類知識的畫家，就像水手上了一艘沒有方向舵或羅盤的船。

上：「時令之書」的「八月」，林堡兄弟，1413-1416
下：「交鑰匙」，佩魯吉諾，1481

「聖母的康乃馨」細部，
達文西，1470 年代晚期

文藝復興

達文西生活在我們稱之為文藝復興的激盪時期。文藝復興始於義大利，而後向歐洲其他地區擴展，時間大約是從1400年至1600年。

文藝復興一詞意指人們在這段時期著迷於古希臘和羅馬文化。這個名詞來自法文，意味著「重生」或「重新覺醒」。人們從這些古老時代中重新發覺哲學和藝術概念，同時也審視思考和表達自我的新方法。

在文藝復興之前，中世紀（有時被稱為黑暗時代）延續了好幾個世紀。海上的海盜和陸地上的強盜使大家聞之喪膽，不敢離家太遠。大家低調行事，毫不質疑任何權威。他們一輩子都住在同一個村莊裡，對外界事物毫無所悉。

殘酷的戰爭持續不斷。領袖從村莊中崛起，成為大片土地的領主，騎士環繞伺候。隨著時光流逝，只有擁大軍自重的大諸侯能保住自己的領地，小王國開始隕落，最終，國家成形。國家變得更大、更富裕，法律系統建立，經濟繁榮，藝術和科學隨之昌盛。

突然間，人們的眼界開始超越村莊的迷信和可怕世界，對世界和人類重燃興趣，後來這股風潮被稱為人文主義。在文藝復興時期，解剖學、醫學、天文學和數學都有重大突破。印刷術發明，書籍首度變得普及。那是個探索世界的時期，也是現代科學的濫觴。哥白尼認為地球繞著太陽公轉；許多探險家航行過汪洋尋找到遠東的貿易路線；哥倫布橫越大西洋登陸美洲；達伽瑪繞過非洲抵達印度；麥哲倫的船隊繞行地球。

文藝復興的藝術家也探索新手法。受到當代精神啟發，他們勇於實驗不同技巧。他們創造出迄今最偉大的藝術。達文西欣賞的早期文藝復興藝術家包括喬托和馬薩其奧。達文西時代許多最優秀的藝術家，例如波提且利和佩魯吉諾，就在委羅基奧的工作坊裡和他一起工作。米開朗基羅住在梅迪奇宮廷內。他創造雄偉的大衛雕像，繪製羅馬西斯汀禮拜堂的天花板壁畫。其他文藝復興畫家還有提香和拉斐爾，他們的作品以透視法的使用和對個人及大自然的讚頌著稱。

達文西懷著質疑的精神以及對知識的渴求，完全展現出這個時代的精神。他在藝術與科學領域探索非常多的新概念，他常被稱為「文藝復興人」。

前頁上方：「逐出伊甸園」，
馬薩其奧，1425-1428

前頁下方：「勝利的聖邁可」
細部，拉斐爾，1518

左上：「賢士來朝」細部，
波提且利，1475

右上：「聖女的婚禮」細部，
拉斐爾，1504

左下：「神聖與世俗之愛」細
部，提香，1514

右下：「聖家族」細部，
米開朗基羅，1503

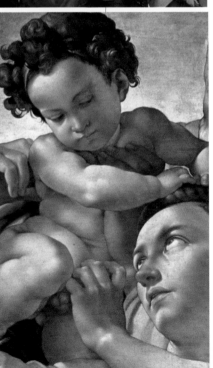

達文西最喜歡畫的是動物。他研究鳥的翅膀，如此一來，他便能以寫實的方式畫出天使的翅膀。達文西喜愛馬兒，他會花好幾個小時待在馬廄，觀察牠們的動作，進行素描。

達文西強烈主張藝術家必須從大自然學習，並從觀察到的現象中汲取靈感。他認為要先徹底了解一項事物後才能畫它是很重要的。

這份觀察的熱情開始展現在達文西的作品中。他畫作中的植物和花朵看起來和生長在原野中的一模一樣。他的畫像如此寫實，彷彿畫中人物就站在眼前。最後他完成學徒學習，成為「職工」。

有一天，達文西的父親來到工作坊，請他幫個忙。「你願意幫我的一位朋友在盾牌正面作畫嗎？」他問道。達文西拿來木盾，將表面磨得平滑，準備作畫。他在試著決定該畫什麼的同時，仔細思索盾的功用。他認

動物藝術

達文西還是佛羅倫斯的年輕學徒時，他將所有的閒暇時間都用來畫畫。他常常去梅迪奇家族的私人動物園畫動物。何不去一趟動物園畫動物素描，或是畫下你家養的寵物。

材料

◆ 鉛筆　◆ 素描本

學習繪畫最重要的一點是學會如何觀察。研究達文西的馬匹素描。形狀有什麼特點？身體部分呢？注意馬兒圓滾滾的腰臀、水桶形狀的身體和雄渾有力的肌肉。你會想要強調這些特徵。第二重要的是練習。即使你認為自己不會畫畫，也要試試看。你會畫圓圈和橢圓形嗎？從這開始就可以了。

用幾何形狀來畫動物。説到馬，你可以輕輕畫個大圓圈代表臀部，長橢圓形代表身體，另一個圓圈代表胸部。頸子和頭部用橢圓形。畫窄圓柱體代表腿，小橢圓形代表馬蹄。畫草稿時要注意比例（比如，頭部大小要和身體成比例）。回到剛畫好的形狀上，再用較粗硬的線條描繪一次。用不同方式握筆和移動鉛筆，可以得到不同的效果。

鉛筆筆側輕輕畫出柔和、黯淡的線條；將筆用力往下壓，前後移動，繪製粗硬的線條。細細添加特徵，比如馬蹄和馬尾。以某個角度斜斜握筆，用輕柔、短促的筆畫捕捉馬毛的質感。用不同粗細且較長的線條繪製飄揚的鬃毛。

讓你自己成為透視法大師，
然後才能習得人體和
動物比例的完美知識。
——達文西

為在戰場上舉向敵人的盾應該配上最可怕的景象。他決定畫上一隻猙獰的龍。

每當閒暇時，達文西會到鄉間漫步，等他回到房間時，口袋裡總塞滿奇奇怪怪的東西。他收集蜥蜴和甲蟲、鳥的骨骸、蠍子和蟾蜍、蝙蝠和蛇。他使用這些生物的特定部分，做為畫那隻可怕的龍的範本，牠有著利角和長尾、獠牙和翅膀。他畫那隻龍正從洞穴裡衝出來，眼神凶猛，鼻孔噴著火焰。當他畫完之後，他將盾放在畫架上，

「基督受洗」細部，委羅基奧和達文西，
1472-1475

拉上窗簾，只留一線陽光照亮盾牌。然後他拜訪他父親，告訴父親盾牌畫好了。

當瑟皮耶羅走進那間陰暗的房間，看到那隻微光照耀的龍，恐懼得僵立在原地。達文西由此知道他的作品非常傳神，這個盾牌能嚇阻敵人不敢造次。

委羅基奧大師讓達文西參與一幅他正在進行的畫作「基督受洗」，他讓達文西畫其中的一個天使。等委羅基奧看見達文西畫好的天使時，他驚愕得說不出話來。達文西畫的天使美麗絕倫，比他自己畫的好太多了，委羅基奧因此發誓他不再碰畫筆。

1472年，二十歲的達文西成為這個行業中的傑出人士，他贏得大師的尊稱。他仍然留在委羅基奧的工作坊，繼續和他合作了幾年。他開始自己接幾件委託工作。他畫了「聖母領報」，那是天使加百列出現在馬利亞

「聖母領報」，達文西，1473-1475

面前的美麗畫作。他特別仔細描繪天使的翅膀，和他詳細研究的鳥類非常相似。他畫了一幅佛羅倫斯女士吉內芙拉的肖像，她的頭上戴著一圈杜松。這是視覺上的雙關語，吉內芙拉（Ginevra）這個名字唸起來和義大利文的杜松（ginepro）很接近。

　　然而人生並非只是工作。在佛羅倫斯能夠玩樂的機會俯拾皆是，幾乎每個月都有嘉年華、騎士比武比賽或遊行。達文西樂於參加派對，喜愛穿精緻華服。他喜歡騎馬、演奏樂器。他也寫詩、謎語和笑話。

　　羅倫佐・德・梅迪奇是統治佛羅倫斯的權勢家族的族長。他年輕英俊，喜歡打獵、跳舞和詩歌。「偉大的羅倫佐」名號在佛羅倫斯家喻戶曉。羅倫

佐時常舉辦大型派對和比武比賽，他總是雇請委羅基奧和他的學徒來為這些慶典打造漂亮的背景和花車，他們也為參加派對的人們製作嘉年華面具和扮裝的道具。

舉辦嘉年華的日子，所有佛羅倫斯人會放下手邊的工作一起慶祝。掛氈和花環從每個窗口垂掛到石牆上，所有的教堂鐘聲叮噹作響，修士在街上高聲唱頌民謠，城市的紅白旗幟在風中飄揚。每個人穿上最好的衣服，站在陽臺和屋頂上觀賞活動。獵鷹站在養鷹人的手腕上，每個養狗人都牽著十隻氣喘吁吁的狗兒遊行而過。高貴的貴族和女士們在馬車裡揮手。喇叭震天價響，騎士騎著馬縱隊走過，侍僮舉著旗幟在前領隊。這些騎著駿馬的是比武大賽的參賽者，即「馬上比武者」。馬上比武會在聖十字廣場進行，持續一整天。達文西總是興奮的觀賞比賽。而在那天結束時，羅倫佐會一路領著舞者穿越街道。

鎮民喜歡馬上比武，但並非所有人都愛戴梅迪奇家族。佛羅倫斯的另一個大家族，帕齊家族，策畫要暗殺羅倫佐。某天，羅倫佐和弟弟朱利亞諾去參加大教堂的彌撒。當彌撒結束，鐘聲響起時，帕齊家族的殺手手裡拿著劍衝進教堂，攻擊梅迪奇兄弟。朱利亞諾當場身亡，但羅倫佐拔劍讓殺手無法欺近，直到人們聽到他呼救趕來救援。

達文西被要求為一家修道院設計祭壇背壁裝飾畫。修道士選擇繪畫主題，達文西則畫了許多「賢士來朝」的草圖。畫中的三位「賢士」，或說是睿智的人，前來將禮物獻給基督。人們和動物驚奇的站在旁觀看。達文西嘗試不同的構圖。他計算透視線。儘管他在這幅畫作上花了很長的時間，卻始

大家族、騎士和公會（即商人和工匠協會）都有專屬的旗幟，其顏色和圖案代表著特殊意義。許多旗幟是用動物來象徵特質，例如：力量（熊）、勇氣和慷慨（獅子）。梅迪奇家族的象徵是六粒藥丸（歷史學家認為其家族中有人是醫生）。

為你的家族創造一個特別旗幟吧。

材料

◆ 鉛筆 ◆ 尺 ◆ 剪刀 ◆ 針 ◆ 線
◆ 幾張約22公分×28公分的繪畫紙
◆ 毛氈布料，用你最喜歡的顏色，大小約為8公分×6公分
◆ 各種顏色的小塊毛氈布料
◆ 直徑約1公分、長約91公分的桿子
◆ 各種鈕釦、緞帶、珠子或亮片（非必要）
◆ 大約122公分長的繩子

用鉛筆在紙上畫出你的設計。你可以用中古時代的圖案，比如稱作「山形紋」的顛倒「V」、十字架，或直直穿越中央的「中帶」。在中古時代，動物象徵往往使用在盾牌和旗幟上。你不妨思索可以代表你家族的其他肖像。你們的腳丫子都很大嗎？那就設計一隻巨鞋！藝術家族可以用有著四、五個顏料的調色盤作為設計圖案。

將畫好的設計圖剪下來當作模板。把大塊毛氈頂端往下折約2.5公分（頂端應該約6.4公分寬），再用針線將它縫起來，製造出一個可以將桿子穿過去的洞口。在毛氈底部剪出一個三角形，這樣你的旗幟就有兩個尾巴。將模板放在小塊毛氈上

剪出你的設計，縫到旗幟上。你也可以縫上裝飾的鈕釦、緞帶、珠子和亮片。將桿子插進旗幟頂端。在桿子兩端綁上繩子，把旗幟掛在牆壁上。

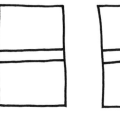  

波浪飾　　　　十字架　　　　中帶

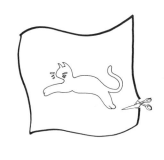 

「賢士來朝」，達文西，1481-1482

終沒有完成它。這可能是達文西第一次，但不會是最後一次，沒有完成作品。雖然沒有完成，但這幅作品仍舊展現出達文西的天賦。他將畫中的主要人物馬利亞、基督和三位賢士以金字塔形狀排列放置，使得畫作看起來四平八穩。再者，大部分同時代的畫家會用清晰線條描繪出主要輪廓，達文西卻以光線和暗影的微妙組合烘托主要角色。畫中的人物似乎是從陰影走入光線裡。達文西使用光線和陰影的這個技巧被稱為「明暗對比法」。

達文西此時還在學習，他的作品相當傑出，但是他卻開始感到沮喪。他遇到修道士遲遲不肯付錢的問題。眼看其他年輕藝術家事業有成，得到較好的委託工作，他自覺在佛羅倫斯不受重視，不知道自己是否能在此功成名就。之前和委羅基奧一起工作時他是感到開心的，但現在他只覺得綁手綁腳。他想展翅高飛。

標出消失點

看看這張鐵軌圖，應該很容易在這張圖中找到消失點。鐵軌的平行線在遠處交會的點就是消失點。

現在觀察這幅建築物的畫。是不是看起來怪怪的？哪裡不相稱？你大概看得出來左邊的建築物畫得不對，不符合透視法。如果你沿著建築物的上下各畫一條想像的線延伸到遠處，線會在一個地方交會，那就是消失點。然而無論如何，從這幅圖的左邊建築物頂端畫出的線不會如此。

試試看你能不能在其他的畫中找到消失點。觀察「最後的晚餐」（參閱第71頁）。如果你沿著門頂朝圖畫中央畫出想像的線，它們會在耶穌頭頂交會。沿著天花板角度的線也是如此。達文西經過精密設計，如此一來，所有的消失點都會聚集在耶穌頭部。觀畫者的眼神會自動被導向消失點。

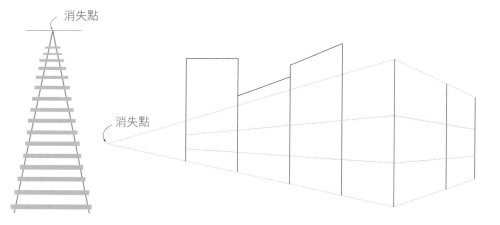

消失點

消失點

兩層樓的城市繪圖，達文西，1490年代早期

「柏諾瓦的聖母」細部，
達文西，1480

Chapter 3

激盪的天才

達文西在佛羅倫斯的某個慶典中曾見過米蘭的統治者，盧多維科・斯福爾扎。盧多維科是位位高權重、野心勃勃的男人。他身材高大，有著黑髮、黝黑肌膚和黑色眼眸。他是他年輕姪子吉安的攝政，後者在未來將會統治米蘭。但大家都知道盧多維科永遠不會主動放棄權位。姑且不論盧多維科的野心有多大，他確實是藝術家的慷慨贊助者。達文西也曾聽說米蘭是個令人興奮的地方，一座由學者、醫生、科學家和數學家群聚的城市。他很想去米蘭，並決定在盧多維科這男人手下效力。

因此，達文西在三十歲時帶著要給盧多維科的禮物和信件，離開了佛羅倫斯，前往米蘭。他抵達城市，穿越窄巷直

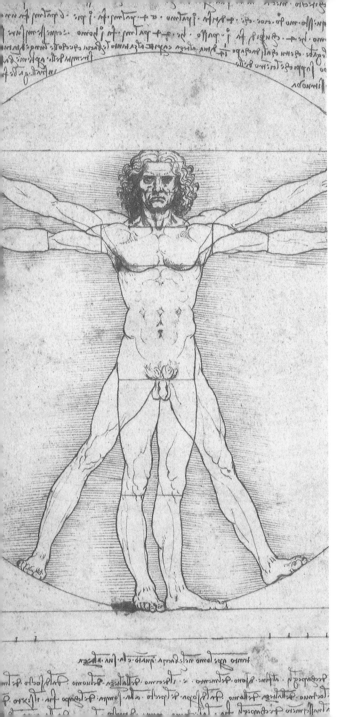

到斯福爾扎城堡，那是一座令人畏懼的碉堡。他在守衛塔弓箭手的注視下走過吊橋。一進到裡面，他便被護送過長長的院落，進入內部堡壘。警衛眾多讓他感到緊張，但是看到花園、庭院和身穿華服之人，讓他立即放鬆下來。

達文西帶來的禮物是「高音里拉琴」，一種叫魯特琴的弦樂器，是他親手用銀製作、馬頭形狀的美麗樂器。他站在盧多維科面前，穿著玫瑰色束腰外衣，長而捲曲的鬍子垂掛到胸前。他拿起魯特琴緩緩彈奏。達文西會彈奏樂器是自學而來的，他的才華使盧多維科和他的宮廷大為驚豔。而後達文西將魯特琴和信件一起呈給盧多維科。信中描述達文西可以提供給盧多維科哪些服務。達文西告訴他，他能設計武器和要塞，能夠抵擋任何敵人的攻擊，確保城市安全。盧多維科很高興。「太好了，」他說：「我可是有許多敵人的。」

達文西在藝術家的工作坊裡研習多年，但他現在自稱是軍事工程師！這其實沒有那麼奇怪。達文西對科技著迷，也對機器的運作倍感好奇。他研究和素描它們的程度就像對鳥兒和植物一樣多。他從委羅基奧那兒學會鑄造金屬和設計盔甲。他在空閒時發明噴火器和投射彈這一類的機械和武器。他甚至設計了機關槍的雛形。他的發明前所未見。

人體比例圖，達文西，1492

達文西寫給盧多維科的信

達文西對盧多維科介紹自己是軍事工程師，列舉出以下他認為他所能提供的服務：

我可以讓橋變得非常輕盈、強勁且便於搬運，帶著它們，您能追擊或逃離敵人。我也有燒毀和毀壞敵人橋梁的密招。

如果您要圍攻城堡，我知道如何將護城河的水引出，也能夠製造攀爬城牆的橋梁和梯子。

我有摧毀每一種堡壘的方式。

我有投擲小石頭，使它們密集如暴風雨的機械，那些石頭揚起的煙霧能混亂敵人的軍心，製造極大恐懼和不安。

如果發生海戰，我有許多能有效攻擊和防守的機械，還有能夠抵禦最大的槍炮和火藥的船隻。

我有辦法安靜的挖掘祕密隧道，抵達特定地點，即使隧道是位於戰壕或河流下。

我能製造安全和無從攻擊的有蓋戰車。當它們載著大炮衝入敵陣時將所向無敵。

如果必要的話，我也能製造精緻有用的大炮。

我能製造特殊用途的投石器和其他令人讚嘆的機械。

在和平時代，我能對公眾和私人建築提出不輸任何人且非常令人滿意的建築構圖。我也能將水從一個地方引導到另一個地方。

我能雕刻大理石、青銅或陶土雕像，繪製任何圖畫，對象是誰都沒問題。再者，我能鑄造一匹青銅駿馬，讚揚大人的父親，並對傑出的斯福爾扎家族的神聖記憶致上敬意。

如果有人認為上述所言的任何一項是不可能做到的，我已準備好在您挑選的任何時刻親自驗證。

我是閣下您最謙卑的僕人。

盧多維科立刻雇用達文西，後來達文西為他工作了十七年。

「抱著魯特琴的天使」，達文西，1490年代

45

達文西的魯特琴

達文西的銀製魯特琴虜獲了盧多維科的心。你可以利用家裡隨手可得的材料來製作樂器。進行這項活動時成年人必須在旁監督。

材料

◆ 鉛筆　◆ 有蓋子的空鞋盒
◆ 美工刀　◆ 剪刀　◆ 尺
◆ 約4公分×8公分的硬紙板
◆ 膠帶　◆ 報紙　◆ 銀色噴漆
◆ 六條粗細不等的橡皮筋

在鞋盒的右上角畫一個大約4公分×8公分大小的馬頭。請成年人用美工刀將馬頭仔細割出來。如圖示，在離蓋子底部約8公分的地方切一道長約4公分的細縫。在小正方形硬紙板割出琴馬，將它裁成T字形狀，琴馬底部裁剪成約4公分寬，上頭則

是8公分寬。在琴馬頂端割出六道縫。將琴馬插進鞋盒的細縫。（琴馬會將「弦」抬離鞋盒，讓音質更好。）用膠帶將蓋子黏在鞋盒底部。

現在將作品拿到通風良好的戶外。鋪上報紙，用銀色噴漆噴繪鞋盒和琴馬。靜置數小時等漆乾了之後，再將橡皮筋拉開繞過盒子，固定在琴馬的每個細縫即可。

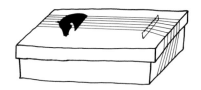

米蘭成為達文西的新家。它是歐洲最偉大的城市之一，座落在河流環繞的平原上。西北部阿爾卑斯的高聳山脈屹立著，再過去就是法國。骯髒的運河流過城鎮，古老的哥德式建築在頭頂高聳入天。街道宛如狹窄的迷宮，金匠、掛氈編織工、兵器製造師和絲綢商人的商店櫛比鱗次。

達文西找到一個住所，和同為藝術家的普瑞迪斯兄弟同住。他很快就適應了米蘭的生活，他和其他藝術家以及音樂家結交朋友，到大學聽課，和學者討論。那時書很稀少，達文西耗費心血尋找書本，只要有辦法，就借來看。

他不管到哪裡，都會在皮帶上掛著一本小素描本。他持續不懈的做筆記，記錄他對大自然的觀察和想法。他將大街上看到的人們畫下來，也繪製發明草圖。他用「顛倒字母」寫下他的想法和描述，必須透過鏡子

反射才有辦法看得懂。他無論想到什麼都會記下來，想著總有一天他會重新整理這些筆記，付梓成書。

比如當達文西在描述地貌時，會天外飛來一筆，記下他想讀的書：「找法齊奧大人讓我看討論比例的書。」在暢談幾何學和運河的同一頁上，他會寫下那天的午餐：「水果、蔬菜濃湯、沙拉。」

就某方面來說，這些隨手摘要反映了達文西的心智運作方式。他做任何事都會聯想到另一件事。他喜歡繪製交織的曲線和結的圖案。這些似乎象徵他的信念，意即所有事物都緊密相關。

他與音樂家的友誼引導他研究聲音科學，並用圖例說明和聲。當一些古羅馬廢墟被發掘出來時，激發了他對建築的興趣。他為米蘭大教堂的圓頂畫設計圖。他看見全日蝕，發明一種直視太陽卻不會傷眼的裝置。達

鏡像書寫

達文西是左撇子，而且還顛倒寫字。沒有人可以確定他為什麼要這麼做，但如此一來的確沒辦法站在他肩膀後面偷看！像達文西一樣，學著用這些顛倒字母寫字吧。

你只需要用到白紙和筆。字母在鏡子裡會是這個樣子：

ƧYXWVUTƧЯQꟼOИM⅃KႱIH⅁℩ꟻƎⅅↃ&A

用鏡像書寫的方式寫個訊息給你的朋友。他們得將紙舉到鏡子前才能看得懂你的祕密訊息。

手與手臂習作，達文西，1510

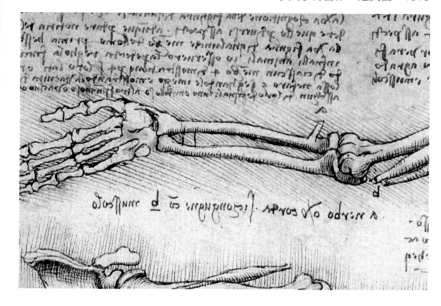

靈感筆記本

達文西的腰帶上總是掛著一本筆記本。下面有製作筆記本的方式。進行這項活動時成年人必須在旁監督。

材料

- 十張約23公分×30公分的畫紙
- 織補針　◆線　◆頂針　◆剪刀
- 兩張約18公分×25.4公分的硬紙板（可用筆記本的封底）
- 一張1.3公分寬、25.4公分長的硬紙板　◆尺　◆白膠
- 大約46公分長的耐用布料，選你最愛的顏色和圖案

用針線和頂針將紙的中央縫在一起，把線拉緊，兩端各打一個結。兩張相同大小的硬紙板用來當作筆記本的封面和封底，而1.3公分×25.4公分大小的那一張則用來當作書脊。將布料攤平，將三塊硬紙板黏在布料上。每張硬紙板之間留一道小縫隙，這樣筆記本比較容易開闔。在硬紙板邊緣留約1.3公分的額外布料，將多餘的部分剪掉。將布料折過來黏在硬紙板上。把紙從中間打開，放在硬紙板封面上。將最下面的紙黏在兩邊的封面上。

學達文西那樣使用你的筆記本：它可以當作書寫想法的日誌（當然啦，使用鏡像書寫），或在大自然裡散步時繪畫人或樹和植物的素描本，以及記錄發明和點子的筆記本。

文西在筆記本裡寫道：「太陽不動。」這是
個令人驚喜的發現，因為在達文西的時代，
人們認為太陽是繞著地球運行。

　　他也對解剖學產生濃厚興趣。達文西對
繪畫的熱情最初引導他研究人體結構，而他
學得愈多，愈想一探究竟。他去醫院看醫生
替病人動手術。他趁夜間去停屍間解剖屍
體。他在筆記本裡計算肌肉並描述它們的功
能。他繪製複雜的器官圖示。他發現血液流
通全身的方式，還在肺部和氧氣方面有重大
發現。最後，他的解剖學知識比同時代的醫
生還要多。達文西的解剖學素描是第一批鉅
細無遺的人體科學繪圖。

　　他開始將自己的解剖理論應用在藝術和
科學作品上。挾著他對人體的新知識，他能
將人物畫得更為寫實。他甚至在腦海中設計
能讓人體感到舒適的建築。他紛雜的興趣發
展似乎殊途同歸。

知識源自於知覺。──達文西

女性身體的解剖習作，達文西，1506-1508

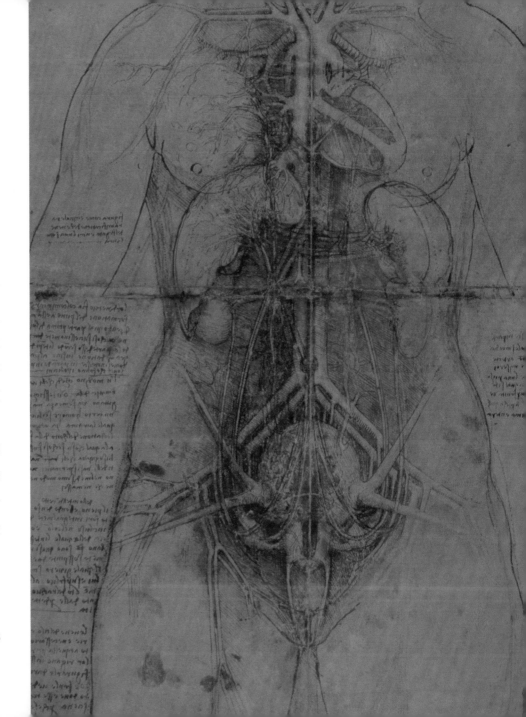

測量人體

　　達文西測量和繪畫人體時，他注意到我們通常有標準比例。他指出「男人雙臂張開的長度等同於身高」。他還觀察到人體的比例：

- 成人的頭部比例占身高的1/8。
- 臉可以分為三等分，從下巴到鼻孔、鼻孔到眉毛、眉毛到髮線。
- 耳朵到耳朵之間的距離等於從眉毛到下巴的距離。
- 耳朵和鼻子等長。
- 前臂到手肘間的距離是身高的1/4。
- 腳的長度是腳跟到膝蓋的一半。
- 手肘到手腕的距離是大腿骨長度的一半。

　　現在是你檢測達文西的觀察是否正確的機會，也許你會有重大發現喔！

材料

◆ 報紙　◆ 膠帶　◆ 黑色馬克筆　◆ 捲尺

　　將幾張報紙鋪在地板上，要比你的身高長，比你的身材寬。用膠帶將報紙黏在一起。躺在報紙上將雙臂張開，請朋友用黑色馬克筆畫下你的輪廓。測量你身體的不同部分，看看是否符合達文西所說的一般比例。請朋友測量你臉部的各個區域，確認達文西指出的比例是否正確。

即使達文西有這麼許多新的興趣，他從未停止繪畫。他向他的新贊助者盧多維科證明，他有許多才華。盧多維科要他為情婦切奇利雅‧加萊拉尼畫像。他稱這幅畫為「抱著銀鼠的女子」。有位詩人說這幅畫如此逼真，「連大自然都會嫉妒。」

他也和普瑞迪斯兩兄弟一起得到一份繪製祭壇背壁裝飾畫的委託工作。他為此繪製「岩間聖母」。他筆下的馬利亞懷抱聖嬰耶穌、受洗者約翰和美麗天使，相當驚人且不尋常。畫中的肖像位置創造一種一體的和平感，而岩石和植物的逼真程度令人嘆服。達文西在這幅畫中使用「暈塗法」的效果。在他繪畫的風景中，遠處物體似乎像煙一般消失了，就像在真實生活中一樣。他使用明暗對比法（以光線和陰影的對比來繪製人物）的技巧臻於完美，而畫中的色調和顏色顯示他對顏料和畫筆的掌控無人能及。

1484年，瘟疫襲擊米蘭。短短數年內，

「抱著銀鼠的女子」，達文西，1485

數千人飽受這可怕疾病折磨而死。健康的人，包括盧多維科和他的宮廷，拋棄了米蘭，逃往鄉間，而病患痛苦死去，任其在街道上腐敗。即使在這場可怕的傳染病中，達文西還是能夠發現思考主題，將注意力轉向疾病防治。他認為是狹窄骯髒的街道和城市不良的衛生條件助長了疾病擴散。因此他設計了有寬敞街道、運河和良好排水溝的城市藍圖。他還設計了利用特殊水閘和槳輪的系統自動清洗街道。達文西的城市設計有兩層，下層街道做為運送和通行馬車之用，而上層街道則為住家和教堂。當1480年代瘟疫結束時，整個城市準備大肆慶祝。盧多維科聘請建築師、藝術家和建商興建新建築和花園，加寬街道鋪上鵝卵石，並製作噴泉、雕像和藝術作品。達文西的身影常在斯福爾扎城堡中出現。他最後成為盧多維科的首席藝術家和工程師。

身為畫家最重要的是保持心靈如鏡面般澄澈。
——達文西

「岩間聖母」，達文西，1483-1486

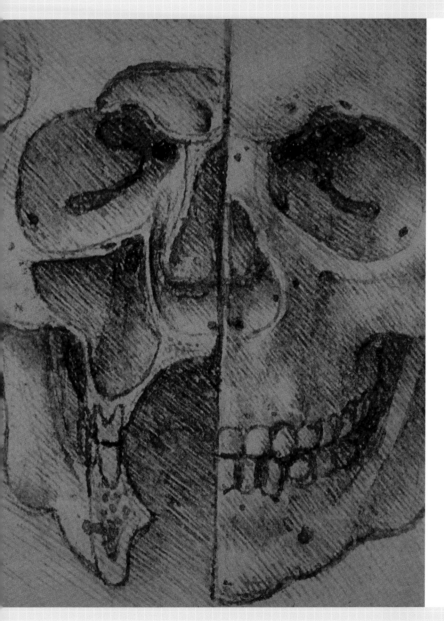

瘟疫

在中世紀和文藝復興時期，義大利和歐洲其他地方頻頻遭受可怕的傳染病襲擊。瘟疫有許多種，但是最嚴重的是鼠疫，也稱為黑死病（1348年至1350年）。

探險家和商人回航時將這些疾病帶回歐洲。黑死病於1347年首度在歐洲出現，當時一艘載著熱那亞水手的船從亞洲返回。所有船員都生病了。

疾病迅速橫掃歐洲，造成數十萬人死亡。整個城市和地區被傳染病弭平。據估計，歐洲當時人口的25%至45%，死於此高度傳染疾病，義大利則有三分之一的人口喪命。

黑死病初期的徵兆是鼠蹊部和腋下出現大塊腫脹，之後身體會浮現斑點和瘀青。一般來說，一旦感染了瘟疫，患者會在幾日之內死亡。人們不知道這種疾病是如何擴散的，也不曉得該如何預防。有人認為這是神譴，有人則認為將藥草放在鼻前呼吸能保護自己。

城市裡的感染情況比鄉間更嚴重。有錢人離開了城市，住進鄉間遺世獨立的別墅避難。而無處可去的窮人情況最淒慘。屍體在街道上堆積如山，掘墓人怎麼挖都趕不上人們死亡的速度。

瘟疫在黑死病平息後捲土重來多次，而達文西在世時也發生過幾次。

頭顱的解剖習作，達文西，1489

　　1489年，盧多維科安排姪子和亞拉岡的伊莎貝拉成婚。他要求達文西為新人設計婚禮盛會。達文西的天堂盛宴和行星化妝舞會讓人們津津樂道數個月之久。舞蹈隊伍和化妝遊行一路走進城堡大廳。大廳四周掛滿頌揚斯福爾扎家輝煌歷史和顯赫功績的繪畫。午夜時刻，音樂戛然而止，布幕升起，出現在屏息以待眾人面前的是個巨型半球內部。以炬光照亮的玻璃製造而成的恆星、行星和黃道十二星座用隱藏式機械推動，各自在軌道上運轉。演員穿著精緻的戲服，象徵各個行星，每個人都對新人朗誦祝福他們婚姻的詩歌。盧多維科非常開心，因此在他和妻子碧兒翠絲成婚時，他要求達文西創造另一場盛宴。米蘭每個月都有慶典，達文西忙碌不已。

　　達文西最後終於擁有自己的工作坊。他分身

當幸運女神降臨時，要牢牢抓住她，
讓我告訴你，她是不容易被馴服的。

——達文西

兩層樓的城市繪畫，達文西，1490 年代早期

乏術，需要助理，因此他招收了五名學徒。他的工作坊總是人滿為患，藝術家來此談天說地，欣賞他的作品；音樂家彈奏樂器、唱歌；學者朗讀詩歌。每個人爭相做他的朋友。據說只要「看到達文西就會煩惱全消」。達文西會為朋友安排饗宴，用一整晚的時間說著讓他們笑翻天的笑話和故事。他會表演特技，像是用特殊化學物質製造多彩火焰，或打破架在兩個玻璃杯上的木板，玻璃杯卻不動如山。達文西也非常強壯，他的朋友常要他表演赤手弄彎馬蹄鐵，以展現他的力量。當他們被自己的笑話和特技逗笑時，達文西總仔細觀察他們的臉部表情和姿態。等他們離開後，他會完美捕捉他們的神韻，使得每個看到繪畫的人都會開懷大笑，就像那些參加饗宴的客人一般笑得那麼開心。

達文西持續不斷的推出新發明。他設計熱氣動力烤肉器和水動力鬧

行星化妝舞會

為你下一次的生日派對或慶祝達文西誕辰紀念日（4月15日）舉辦行星化妝舞會吧。你的每一個朋友可以挑選一種行星來裝扮。穿上特製的戲服以代表你所扮演的行星，為這個場合寫首詩歌，就像達文西曾做過的那樣。行星是以古羅馬的神祇命名，都有著屬於自己的個性和特色。

蓋丘利（水星）——這位使者常以戴著頭盔、雙腳有翅膀的模樣出現。

維納斯（金星）——以愛與美的女神命名。

忒盧斯（大地女神）——我們的行星地球也叫作蓋亞或大地之母。

馬爾斯（火星）——這個紅色行星以戰神之名命名。

朱庇特（木星）——以諸神統治者之名命名，常以從天空拋擲閃電之姿出現。

薩圖恩（土星）——這個有環帶的行星是以朱庇特的父親，一個古老神祇所命名。

這些是達文西所知的行星。在他的時代之後又發現了三個行星。

烏拉諾斯（天王星）——天堂之名。烏拉諾斯是第一個父親（如同忒盧斯是第一個母親）。

尼普頓（海王星）——以海神之名命名，祂總是拿著三叉戟。

普魯托（冥王星）——一顆非常小的行星，以冥王之名命名。

由水星所作的詩大概是像這樣：

我今日乘著翅膀腳丫來此
帶給你這特別的生日禮物，
和來自四面八方的訊息
祝你生日快樂，一年如意！

達文西的謎語

達文西樂於說故事和講笑話，他喜歡逗人們大笑。他常說些嚇人的「預言」，但那些不過是普通的事件，只是他描述的方式非常怪異，使其讓人毛骨悚然。其實那些就是所謂的謎語，你能猜出答案嗎？

1 人會走，但不會動，和不在現場的人說話，聽沒說話的人說話。

2 人和動物的相似物體跟著他們到處走。

3 海水漲得比山還高，傾洩在住宅上。

4 從洞穴般的窪坑裡挖出讓所有國家辛苦揮汗，受盡折磨，飽受煩憂，吃盡苦頭後，才大力相佐的東西。

5 剛開始很小，但迅速變大。它不尊重任何創造事物，但它的力量幾乎能將任何東西從其天然狀態轉變成另一種狀態。

解答：1．作夢。2．影子。3．水蒸發成雲，從海裡蒸發出來。4．黃金。5．火。

鐘，還有移動標石和彈奏音樂的機器，包括排鐘和錄音機，這些都是他的發明。他提出光學和視界的新理論，並導出光是以光波行進這樣的結論。在對光和聲音的研究中，他是將它們的移動與波動聯繫起來的第一人。他在眼睛解剖學上有重大突破，解開遠視的難題和立體視覺的原則。他設計出一種隱形眼鏡。達文西也發明了望遠鏡。他在筆記本裡寫下對噴泉、鐘錶、壓榨橄欖機、自動關門器、折疊家具、桌燈和五斗櫃專用鎖的點子。

沒多久達文西就被另一項計畫占據了心思。盧多維科想打造一個紀念碑向父親致敬，用騎士和駿馬的巨大青銅雕像做為家族權勢的象徵。他想要非常巨大的雕像！所有米蘭藝術家都希望能有這樣的榮幸打造這個紀念碑，因此競爭激烈。當然，盧多維科把這項委託交由達文西執行。

這是個艱鉅挑戰，沒有人知道該如何鑄造這麼大的青銅作品。達文西不斷研究、素描和設計。有時他會消失幾個小時，後來發現他人在馬廄裡素描馬兒，描摩牠們的體重、肌肉和動作。他在那時還連帶設計了模範馬廄，附有排水溝、自動餵食器和抽水進水槽的幫浦！如果學徒在馬廄或街道上找不到在描摩雕像的達文西，那他八成在鑄造廠裡，埋首在合金收據上標注筆記，鑽研鑄造青銅的技巧。達文西為這雕像鑄造模子，測試了許多種材質。他甚至設計了特殊火爐。

當他揭開斯福爾扎紀念碑設計時，全城為之轟動。他在城堡中央廣場豎立了馬兒的陶土模型，在眾人面前拉下布幕，整個宮廷震撼不已。沒有騎士，單單那匹馬就高達約六公尺。

在打造紀念碑的同時，達文西還設計了新建築和水道。他的工作量多

眼睛運動

身為畫家使得達文西對於眼睛的功能感到非常好奇。他發現兩眼同時運作能幫助我們判斷距離和深度。雙眼是從稍微不同的角度觀察物體。影像從眼睛傳送到大腦，大腦再將影像組合起來，計算出我們正在看的物品的確切形狀和位置。

材料

◆ 兩個完全相同的小東西（比如小罐的蛋彩顏料或線軸）
◆ 碼尺　◆ 鉛筆

看向遠方的物品，接著用手遮住一隻眼睛再看。現在，用手遮住另一隻眼睛。物品是不是看起來好像移動了？將兩個相同的物品稍微一前一後的放在桌上，以更清楚的「看見」。往後走幾公尺，蹲下，讓眼睛與桌面同高。看那兩個物品。試著用碼尺碰較遠的物品。現在閉上一隻眼睛，試著去碰它。接著，閉上另外一隻眼睛試著碰碰看。在一隻眼睛閉上時，會較難判斷物品的距離。你會失去某些深度知覺。

你通常會比較常用某一隻眼睛。看著遠方物品時，你可以判斷你比較常用的是哪一隻眼睛。手裡握緊一枝筆，伸長手臂，與物品形成直線，用兩隻眼睛觀看。閉上一隻眼睛，然後張開。閉上另一隻眼睛，然後張開。閉上一隻眼睛時，筆好像跳離物品一點距離。另一隻眼睛也閉上時，跳得更遠。覺得筆跳得比較遠時，你閉上的那隻眼睛就是你慣用的眼睛。

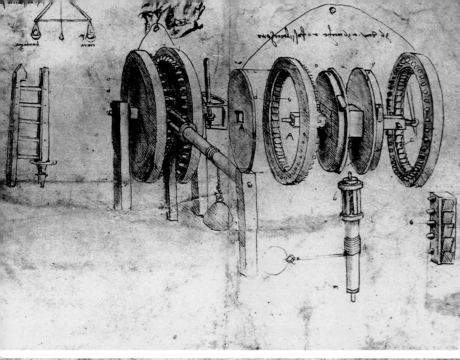

達文西的發明

　　這些發明的設計圖是在達文西的筆記本中發現的，其中有些項目直到數百年後才被發明出來。

・坦克車

・直升機

・潛水衣

・腳踏車

・潛水艇

・滑翔翼

・彈簧動力車

・降落傘

・加農砲發射的炮彈

・控制運河水流的水閘

・多管式飛彈發射器

・鐵皮輥軋機

・機械鋸和鑽子

・滑輪、起重機、鑽子、橋梁、挖掘機、水渦輪機和數不清的其他機械

上：機械零件素描，達文西，1480
下：滑步十字弓素描，達文西，1488

義大利的王國和城邦

義大利直到1870年才成為統一的國家。在達文西的時代，義大利分裂成彼此交戰的城邦、公國、王國和由強大的家族統治的共和國。

在南義大利有那不勒斯王國；教宗國在義大利中部，由教宗統治；在北部有富裕的城邦，包括米蘭公國、威尼斯共和國、熱那亞共和國和佛羅倫斯共和國等等。

義大利的城市是重要的貿易樞紐，位於希臘、北非、遠東國家和歐洲其他地區之間的關鍵位置。貿易替城市帶來驚人的財富和權勢，創造出富有商人、銀行家和金融家階級。熱那亞、比薩、威尼斯、米蘭和佛羅倫斯是貿易重鎮，佛羅倫斯是此時最大城市之一，其商人專門買賣美麗的染布。

最後，城市統治者逐漸統治周遭地區的人民。城邦時常相互交戰，征戰連連，暴力相向。像佛羅倫斯這樣的城鎮打造得如同堡壘，高牆環繞以阻止入侵者。人們甚至以高塔鞏固家園，可以從高處射箭，或將滾燙焦油倒在敵人身上。

有些城邦是共和國，由選舉產生的議會統治。儘管如此，只有有錢人能投票，並在議會裡服務。有些城邦則是由像梅迪奇這樣強大富裕的家族統治。梅迪奇家族擁有佛羅倫斯最大的銀行，顧客包括教宗和法國國王。

由於梅迪奇家族和此時的有錢人喜歡被美麗的事物環繞，因此他們贊助許多藝術家。偉大的羅倫佐和盧多維科都是後來變成藝術家贊助者的城邦統治者，他們贊助的藝術家包括達文西和米開朗基羅。

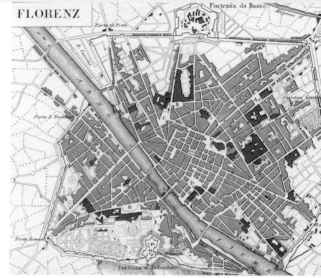

上：佛羅倫斯城市細圖。下：義大利地圖，1600

到得花很長時間才能完成。因此盧多維科對達文西是否能完成雕像不抱希望。但盧多維科不久後就有其他事得操煩。

動盪正在米蘭醞釀著。盧多維科的姪子吉安和他妻子伊莎貝拉很不快樂。盧多維科拒絕把米蘭合法統治者的權位交給吉安。伊莎貝拉寫信給她的祖父，也就是權勢如日中天的那不勒斯國王抱怨。那不勒斯國王動員軍隊，準備和米蘭作戰。除了家族內訌，法國即將入侵的謠言滿天飛。當時，盧多維科和法國國王建立同盟，以抵禦義大利其他城邦的統治者，但這個同盟關係非常不穩定。

儘管達文西的生計仰賴贊助他的富有家族，他卻很少關心他們的憂慮。他有太多工作。他有好房子可住，工作坊忙碌異常，還有眾多朋友、學徒、僕人和馬匹。

聖安妮頭部習作，達文西，1580-1510

60

達文西喜歡各種動物。他常在露天市場買鳥兒，只為了將牠們從鳥籠中放出來，讓牠們重獲自由。他喜歡看牠們展翅高飛而去。他非常喜歡動物，因此成為素食者，飲食中只有蔬菜水果和義大利麵。他收養了許多動物，並悉心照顧。

達文西也收養了一名年輕男孩。吉亞科莫是貧農的兒子，十歲時住進達文西的工作坊。儘管他只是個小孩，卻為藝術家和助手們惹了許多麻煩。他一抵達，達文西便要裁縫師為他製作幾件襯衫和一件外套。他放了些錢要付給裁縫師，才一轉身，錢就不見了。當晚的晚餐時間，吉亞科莫打破了三只玻璃杯，打翻一瓶酒。隨著時日流逝，男孩不斷的偷錢和藝術用品，無論去哪裡都能惹上麻煩。不管掉了什麼，都可以在吉亞科莫的行李箱裡找到。他偷了達文西要用來做靴子

達文西的午餐

達文西是個素食主義者。嘗試做做這道可口的蔬菜濃湯，那是達文西的最愛。你在烹煮之前應該將所有食材準備妥當。進行這項活動時成年人必須在旁監督。這個食譜是六人份。

食材
- ◆ 三湯匙的橄欖油
- ◆ 一粒切碎的大蒜
- ◆ 一顆切碎的小洋蔥
- ◆ 兩顆切丁的中型筍瓜
- ◆ 兩根削皮和切丁的紅蘿蔔
- ◆ 約113g的四季豆，將頭尾切除，接著切成三等分
- ◆ 1/4杯切碎的荷蘭芹
- ◆ 1/2茶匙的乾羅勒
- ◆ 1/2茶匙的乾牛至
- ◆ 1/2茶匙的鹽
- ◆ 1/4茶匙的胡椒
- ◆ 一罐（約500g）的紅菜豆，瀝乾
- ◆ 一罐（約500g）的整顆番茄，瀝乾，切成四塊
- ◆ 2又1/2杯的水
- ◆ 3/4杯的生小水管通心粉
- ◆ 1/4杯的番茄糊

工具
- ◆ 量匙和量杯　◆ 刀子
- ◆ 大鍋子　◆ 木匙

將橄欖油加入大鍋中，開中火，加入大蒜和洋蔥爆香，不時攪拌10分鐘。加入筍瓜、紅蘿蔔、四季豆、荷蘭芹、羅勒、牛至、鹽和胡椒後攪拌。加入菜豆，稍微壓碎，加入番茄和水，以中火燒至沸騰。將火轉小，蓋上鍋蓋，悶煮1小時，不時攪拌。加入通心粉和番茄糊，悶煮10分鐘，不時攪拌。大家坐下來傳遞麵包，好好享用這一餐吧！

製作鳥食

達文西終其一生熱愛鳥類，他研究牠們、畫牠們。他夢想能像鳥兒一般飛翔。你可以去當棲地修復的志工，或在自己的後院裡提供食物和水給鳥兒，如此你就能幫助鳥類。但在你將後院變成鳥類庇護所前，確定要先取得成年人的同意。進行這項活動時成年人必須在旁監督。

材料和食材

◆ 大的淺碗或大花盆的陶土排水盤
◆ 一杯豬油、羊脂或培根油
◆ 一杯鳥飼料
◆ 1/2杯的葵花籽
◆ 1/4杯的玉米粉
◆ 兩個磨碎的蛋殼
◆ 1/4杯切碎的堅果
◆ 一個約500 g的空錫罐，清洗乾淨
◆ 一根長25.4公分的繩子
◆ 中型鍋　◆ 開罐器　◆ 筆記本
◆ 筆　◆ 鳥類導覽書（非必要）
◆ 鉛筆

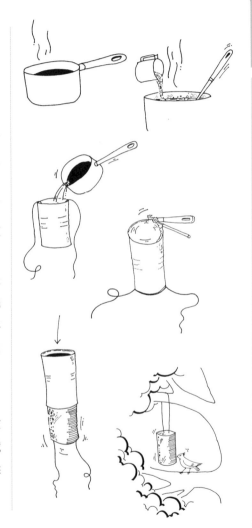

鳥類需要喝水，也得用水來清洗羽毛。在院子靜謐的角落放置淺碗提供鳥類清洗之所，裝滿新鮮的水，每天換水。

鳥類也需要吃飯！用小火融化一杯豬油、羊脂或培根油，靜置30分鐘放涼。在融化的油脂裡加入鳥飼料、葵花籽、玉米粉、壓碎的蛋殼和堅果，加以攪拌。將25.4公分的繩子繞過錫罐裡面，倒入攪拌後的食材。將罐子放入冰箱內。等食材變硬，用開罐器將錫罐底部切除，將食材推出，將這好吃的鳥食掛在樹枝上。

在你的發現筆記本裡記錄前來覓食和洗澡的鳥類。用鳥類導覽書來辨識到訪的鳥類，記下牠們來鳥食器的季節，將你看見的鳥類畫成素描。

的一塊皮革，用轉賣得來的錢買了一些用茴香種子做甜點。達文西在他的筆記本裡寫下那孩子「吃兩人份的餐，惹四人份的麻煩」。他暱稱男孩為「沙萊」，意味著惡魔，但他很喜歡那男孩，堅持留下他，去哪裡都帶著他，而且對他有求必應。他試著教導男孩繪畫，於是沙萊成為學徒，他也是達文西珍視寵愛的養子。

達文西的母親卡特琳娜如今成了寡婦，且健康狀況不佳，達文西邀請她來同住，直到過世前，她都和達文西一起住在米蘭。

達文西的筆記本裡寫滿他的興趣。他旅行至阿爾卑斯山脈，成為最早的登山家之一，並攀登羅莎山的最高峰。他在頂峰俯視雲朵、冰河和奔流峽谷的河流。達文西很興奮能用「鳥瞰觀點」俯視景觀。當他看見山坡上有像貝殼的東西時，他推測它們是曾活躍一時的海洋生物遺骸（化石），而這片山巒屹立的土地曾是一片汪洋。他注意到山坡由好幾層岩石構成，他是第一個想出沉積作用理論的人。這個理論說明這

貓與龍習作，達文西，1513-1514

沙萊的茴香種子甜點

茴香是一種紅蘿蔔科香草，帶著甘草甜味。自羅馬帝國時代以來便極受義大利烘焙師的歡迎。沙萊尤其無法抗拒這種美味。進行這項活動時成年人必須在旁監督。

食材
◆ 1/2杯軟化的奶油或人造奶油
◆ 1/2杯的糖粉
◆ 一杯麵粉
◆ 一茶匙壓碎的茴香籽
◆ 一杯去核椰棗，切成細丁
◆ 一杯葡萄乾
◆ 1又1/2杯的水

工具
◆ 中型碗　◆ 手持攪拌器
◆ 約33公分×24公分、高5公分的矩形烤盤
◆ 木匙　◆ 刮勺　◆ 平底鍋

烤箱預熱至攝氏約177度。將奶油或人造奶油放入碗中，加入糖粉，用手持攪拌器攪拌至表面平滑，再用刮勺將奶油從碗邊刮下，繼續加入麵粉攪拌。將麵團倒入矩形烤盤，用手將表面拍平。烤15分鐘後取出放涼。

將茴香籽放在砧板上用木匙底部壓碎。將椰棗、葡萄乾、茴香籽和水加入平底鍋中以小火烹煮攪拌10分鐘。（混合物會變得濃稠。）將鍋子從爐火上拿開，放涼10分鐘，將混合物抹在派皮上，放入冰箱冷藏2小時。切成正方形大小，好好享用吧！

些岩層是在不同時代形成的，而最古老的岩層在最底層。他觀察頭頂上的湛藍蒼穹，是第一個推論出天空的顏色是由空氣中的小分子反射光線而成的人。

山澗讓達文西著迷，他仔細觀察水流繞過岩石和物體在水裡移動的情形。他對水力的興趣引發他思索水力發電的方法。他在工作坊裡設計出水車、磨坊、水閘和運河。

他繼續斯福爾扎紀念碑的工作。他也設計了紡織機和編織機。達文西裝飾了城堡的一個房間，那就是「軸心大廳」。他繪製了從底板長高的三根樹幹，牆壁上全是綠葉。透過樹葉可以看見湛藍天空，緞帶般的金色光線蜿蜒鑽進鑽出樹叢。也是在這個時期，達文西決定要研讀學術書籍。當時的書籍是用拉丁文撰寫，而達文西只懂一種義大利方言。他開始自學拉丁文，在筆記本裡寫下拉丁文段落、新字注解和定義。

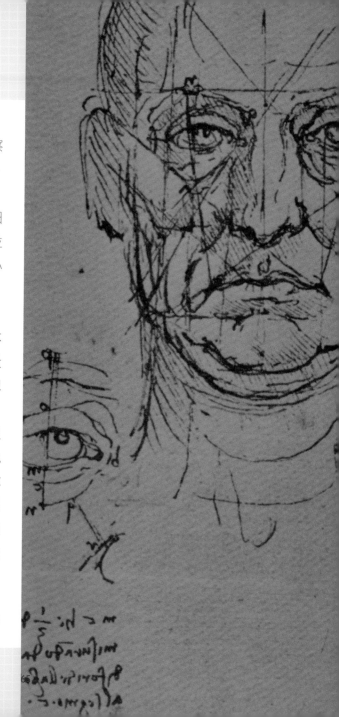

心靈鍛鍊

我們各有專長，比如數學和科學，或是繪畫，或是寫作。但達文西簡直是多才多藝。一個人能有那麼多種成就幾乎是不可能的事，他是怎麼辦到的？他的成就斐然可能和他心智的運作方式有關。達文西能完全專注在眼前的事物上，但他也能敞開胸懷，在研究中找到相互關連。他左右腦並用：直覺和邏輯，想像和觀察。他讓自己作夢的同時也在訓練心智進行研究。以下是達文西用來強化心智的幾個方式：

· 刺激想像力——「為了刺激心智，試想像被沒有形狀的汙漬覆蓋或是由各式各樣的石頭砌成的牆壁，在其中尋找山巒景致、樹木、戰爭、活靈活現的人物、臉和奇怪的戲服。」

· 訓練記憶——達文西稱這種觀察方式叫作「知道怎麼去看」。他建議藝術家「從細節開始，從一個細節推移到另一個細節，牢牢記住第一個細節，並詳加研究。」他認為畫家的心靈應該像一面鏡子。

· 擴展思考——達文西質疑一切。當他在閱讀時，總會把筆記本放在手邊，一邊寫下字詞和段落。他寫下書本帶給他的想法，並畫下想到的畫面。

達文西在晚上入睡前，會重溫當天所研究進行的每樣事物。他在筆記本裡寫道：「我發現當你在黑夜中躺在床上，再度想像當天研究的事物輪廓，你會獲益匪淺。這是個可貴的訓練，在強化記憶方面也很有用。」

人體比例素描，達文西，1488-1489

達文西的水閘

達文西花很多時間思考水。身為工程師，他發現水是重要的動力來源。同樣的，在達文西的時代，人們旅行和貨品運送都要依靠水路，這比用馬或驢子拉著貨物沿著那時代的道路運送要來得輕鬆多了。達文西設計運河（人工水道）、水車動力機械，和創新的水閘和水壩系統。

水閘用來幫助船隻順利通過運河中水位高度不同的地方。它形成運河或水道的封閉部分。在水閘兩端各有道能開啟和關閉的門。水閘內的水位能升高或降低，如此一來，船隻就能在運河中繼續往上或往下前進。當船抵達水閘時，較低的門開啟，然後在船隻通過後關閉。水閥讓水從上端流入，船隻升高，直到水位與頂端水閘相同。頂端的門隨即開啟，船隻得以繼續前進。

達文西在1500年左右發明的特殊水閘竟能使用至今！他設計的兩個閘門呈V字形，這樣光靠水的力量就能維持閘門關閉。

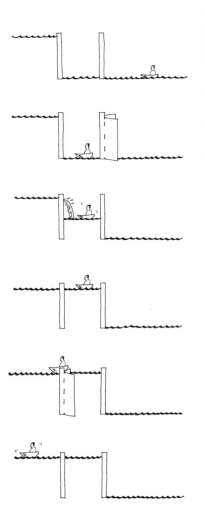

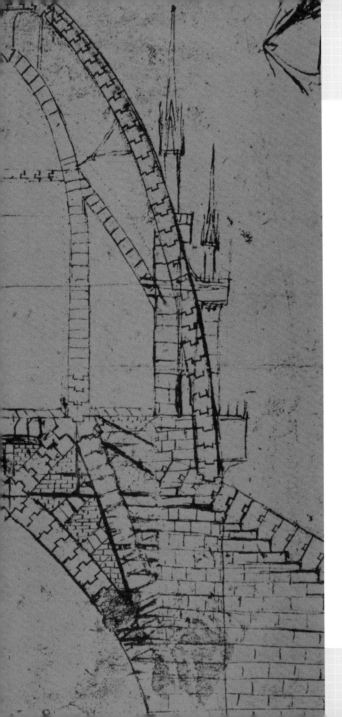

米蘭大教堂圓頂習作，達文西，1488

學點義大利文吧

每天教你自己幾個義大利單字,非常簡單。

英文	義大利文	怎麼唸
早安	Buon giorno	布翁啾諾
晚安	Buona notte	布翁那諾貼
我的名字是	Mi chiamo	米其雅莫
你好嗎?	Come stai?	公沒斯達依
很好,謝謝你	Bene, grazie	貝內,葛拉傑
再見	Ciao	俏
對不起	Scusa	司庫扎
請	Per favore	貝爾法佛雷
非常謝謝	Mille grazie	密雷葛拉傑
是	Si	細
不	No	諾
一	Uno	屋諾
二	Due	度欸
三	Tre	特雷
四	Quattro	刮特羅
五	Cinque	清貴
六	Sei	色易
七	Sette	色貼
八	Otto	歐多
九	Nove	諾為
十	Dieci	迪欸其

圓頂教堂習作,達文西,1485-1490

如同棄之不用的鐵會生鏽……
理解力若不持續使用也會變得遲鈍。
——達文西

達文西認識了一位名叫盧卡‧帕西奧利的僧侶和數學家。帕西奧利負責編纂一套包含所有數學知識的書。不久後，達文西的筆記本裡就滿是數學方程式和幾何學遊戲。他和帕西奧利合著了一本書：《神聖的比例》。

達文西擁有永不饜足的好奇心。他質疑一切。他年幼的時候總是拉著叔叔法蘭西斯科的袖子說道：「告訴我嘛。」現在他轉而向朋友徵詢他許多問題的答案。他寫下筆記，提醒自己，「問吉安尼諾費拉拉塔是怎麼建造的」、「問貝內迪多法蘭德斯人如何在冰上旅行」、「讓數學大師教我要怎麼從三角形裡取出四方形」。

達文西最想了解的是飛行。他會花好幾個鐘頭觀察鳥兒飛行，研究牠們翅膀的拍動，和翅膀移動以捕捉氣流的方式。他製作鳥類和蝙蝠翅膀的模型。他測試用來做飛行機器的不同材質。他將工作坊樓上的房間封起來，這樣他才能祕密製造大型模型。他製造數百種設計，叫它們「鳥兒」。他的一個設計使用帆布，上面覆蓋羽毛。另一個設計則有羽毛翅膀、棍棒和將近2.4公尺長的硬挺絲布。他製造直升機模型，也設計了降落傘。

達文西一輩子都在觀察鳥類，畫鳥類的素描，夢想著能夠鳥瞰這個世界。他想親自試驗他的機械，於是想在米蘭尋找適合的屋頂。他嘗試從工作坊的屋頂試驗飛行，並寫道：「明早我會進行測試。」但結果一定是失敗的。在他下一筆試圖飛行的記錄裡，他小心提醒自己，「在湖上做實驗時，要戴上空皮袋做為腰帶，這樣如果你摔下來才不會淹死。」

達文西為了另一項委託工作，得先暫時把飛行夢想擱置一旁。恩寵聖母修道院的修道士要求盧多維科雇請畫家來繪製會院食堂的一面牆壁。盧多維

飛行

你是否想過比空氣重的東西怎麼飛得起來嗎？達文西就思考過這個問題。他執著於飛行的點子，花費幾十年的時間研究鳥類和繪製飛行機械。而直到數百年後的1903年，萊特兄弟才成功實現動力飛行。

飛機會飛是因為它們被空氣舉高。然而如果一顆比飛機輕很多的蛋在你放手時會掉到地上（破掉）的話，那飛機是怎麼辦到的？祕訣就在於飛機機翼的形狀和位置。

如果你觀察飛機機翼，你會發現頂端彎曲，底部平坦，這樣的形狀稱作「翼形」。當強力引擎推動飛機往前時，會導致空氣衝過機翼，而機翼的特別翼形形狀會使得流過機翼上方的氣流比下方快速，機翼頂端的快速氣流對機翼造成的壓力比下方較慢的氣流輕。頂端和底部的不同壓力產生「升力」，能夠克服地心引力，讓飛機攀升，維持在高處飛行。

將手從快速行駛的車窗外伸出去，就能感覺到升力是如何運作的。如果你的手保持水平，它就會維持水平。但如果你的手稍微傾斜，它就會在空氣中升高。你也可以在放風箏時觀察升力的運作。跑在風箏前面，觀察氣流如何推過風箏表面讓它升起。你跑得愈快（你是動力來源，正如飛機引擎的推力），風箏就會飛得愈高。

圖解飛行機器，達文西，1486-1490

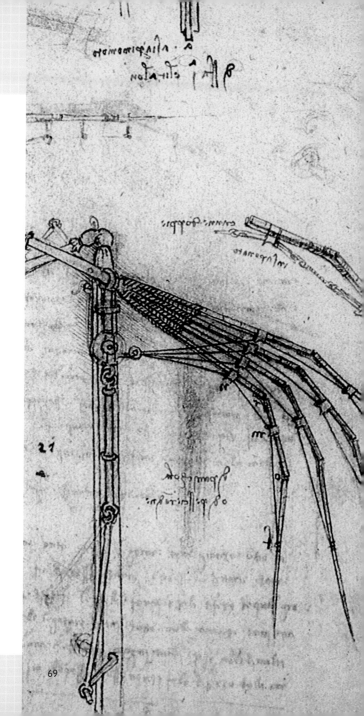

製作降落傘風箏

　　這是以達文西的降落傘繪圖為基礎所製造出來的風箏。

材料

◆ 長寬各約41公分的正方形塑膠布（可以裁剪垃圾袋）

◆ 剪刀　◆ 風箏線　◆ 尺　◆織補針

◆ 小人偶玩具

◆ 寬1.54公分×長61公分的緞帶

　　在塑膠布中央剪個直徑1.3公分的圓洞。剪出三條約30公分長的線。用織補針將一條線縫過塑膠布的一角。像圖示般，在繩子一端打結。將另外兩段繩子在另兩個角落打結。將三段繩子拉在一起打結。將風箏線尾綁在結上。剪下約15公分長的繩子，如圖示般，將它縫在第四個角落的兩處。將緞帶綁在繩子上做出風箏尾巴。

　　在起風的日子將風箏拿出去。拉出大約91公分的風箏線，讓你的風箏捕捉微風。跑進風裡，讓風箏得到升力，在它爬升時，將風箏線放長。

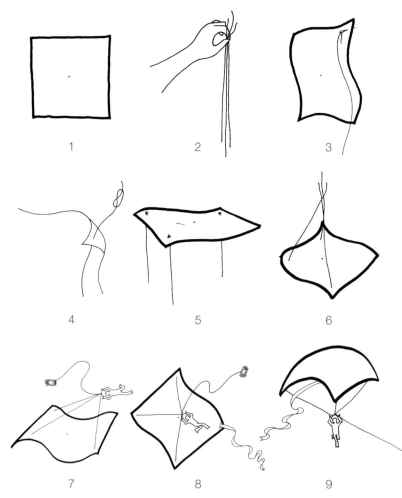

1　　　　2　　　　3

4　　　　5　　　　6

7　　　　8　　　　9

「最後的晚餐」，達文西，1495-1498

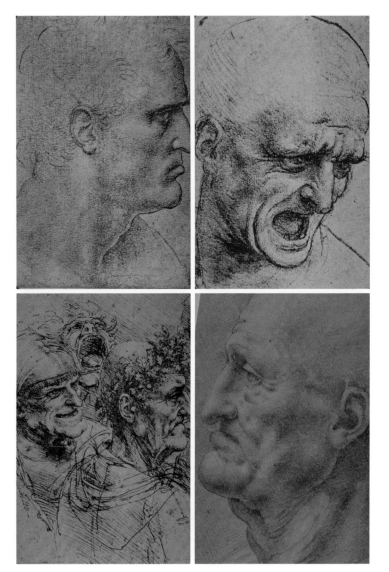

科將這份繪製「最後的晚餐」的工作交給達文西（參閱第71頁）。

達文西一如以往先繪製草圖，基督和門徒沿著長桌而坐的位置需要精密安排。達文西設計的構圖會將觀賞者的眼神吸引至基督頭部，他希望畫中人物能同時帶給觀賞者四平八穩且正在動作的感覺。

達文西想透過門徒的姿勢來訴說最後晚餐的故事。他選了基督說「你們之中有一個人要出賣我」的那一刻。在這幅畫中，每位門徒的反應各有不同，有些表達震驚，有些則是恐懼，有些人憤怒，有些人則是一臉不可置信。達文西藉由門徒的姿態和臉部表情來展現每個人的感覺和想法。他認為畫家的重任在於畫出人的內心。在「最後的晚餐」中，他完美達成這個目標。

達文西有時會在日出時分出現在食堂，著手繪畫，沒有一刻放下畫筆，也不吃不喝，直到黑夜降臨。其他日子裡，他就只是手臂抱胸，站在畫前沉思幾個小時。有時，大家會看到他狂奔抵達至修道院的街道，拿起畫筆，爬上鷹架，在

左上：「最後的晚餐」習作，達文西，1497
右上：「安吉里亞戰役」習作，達文西，1503-1504
左下：橡樹葉和諷刺畫的老人，達文西，1490年代晚期
右下：老人習作，達文西，1500

壁畫加上幾筆，又陡然離去。有時候，他會一連好幾個禮拜都沒出現。

修道士無法理解怎麼有人會用這樣的方式工作，他們對於食堂滿是畫作和鷹架感到厭煩。然而即使達文西沒有每天都來畫圖，他卻不斷的在思索這件事。他走過街道時會盯著人們看，為畫中門徒的表情尋求靈感。他會坐在咖啡館看著人群，觀察他們的動作表情，並在筆記本裡做素描。他尋找驚訝、痛苦、恐懼和憤怒的表情，並標注這些情緒是由哪一部分的臉部肌肉所表現出來的。他將他在米蘭街頭看到的臉部表情融入繪畫中。

終於，除了猶大的頭部以外，壁畫完成了。達文西走在街道上，為背叛耶穌的男人尋找合適的表情。他時常去監獄和這座城市最危險的地區。好幾個月過去了，修道士愈來愈不耐煩和憤怒。修道院院長向盧多維科抱怨。「真是夠了！叫這位藝術家快點完成他的畫作！」他對盧多維科這麼說。盧多維科向達文西轉述院長的抱怨，但達文西一點也不著急，他建議，如果修道院院長非要猶太的臉馬上完成的話，那他就用修道院院長做為背叛者猶大的模特兒。於是，抱怨止息了。

當壁畫完成時，修道士體會到一切的不便都是值得的。各地的人前來觀賞。藝術家帶著素描本來臨摹，如此他們便能借用達文西的點子。

對達文西來說，曠日費時的進行繪畫創作是很正常的。他常常沒有完成他的作品。除非經過仔細思考自己要創作什麼，他才會拿起畫筆。他會花好幾個月的時間在腦海中構圖、繪製草圖並計算人物的位置。許多贊助者都因此對達文西感到不耐煩。

達文西花了好幾年的時間繪製「最後的晚餐」，但是等他一完成後，壁

修復「最後的晚餐」

達文西喜歡試驗新手法和顏料。當他在恩寵聖母修道院的食堂牆壁上繪製「最後的晚餐」時，他想嘗試不同技巧。

當時的其他畫家也許會使用稱作溼壁畫的傳統技巧，將好幾層的灰泥塗抹在牆壁上，趁灰泥還沒乾時，用水彩顏料繪畫。採用此技巧的藝術家得動作快速，因為一旦灰泥乾掉，若有任何錯誤就難以糾正。

達文西喜歡慢慢作畫，所以他在乾灰泥中混合使用油料、油漆和塗料。他花了三年繪製「最後的晚餐」，但在不到二十年內，這幅實驗繪畫就開始剝落。

就在他繪製完成數十年後，「最後的晚餐」由才華比不上達文西的藝術家進行修補。之後修道士直接在畫有壁畫的牆壁上開了扇門。房間淹水過兩次。拿破崙的軍隊進駐米蘭時，軍人將食堂做為馬廄，對著壁畫丟磚塊。二次大戰期間，建築物遭到轟炸，幾乎全毀。

「最後的晚餐」曾被清理和修復數次。早期，畫家只是單純用油畫顏料塗抹在達文西所畫的人物上頭。其他人則試圖將掉在地上的顏料黏回壁畫上。最近的修復努力始於70年代晚期，近幾年才完成。修復人員小心剝除在前幾次修復中塗上去的好幾層顏料，清除掉長年的霉、塵垢和煤煙。他們使用X光、紅外線和紫外線感應器來測量哪幾層顏料是達文西原筆，哪幾層又是出自其他畫家。這些修復人員成功修復了長年來的大部分損害。

「最後的晚餐」細部，達文西，1495-1498

畫就開始崩解。他常會試驗不同的顏料和技巧，畫這幅壁畫時也是如此。有時他用胡桃油混合顏料，有時用檜木油。他用蜂蜜、蛋和各種樹脂調製顏料。通常這類繪畫會以溼壁畫的方式進行，但這種繪畫方式需要速度，而達文西喜歡慢慢來。他用在「最後的晚餐」上的顏料無法持久，繪畫不久便從食堂牆壁上斑斑剝落。

「最後的晚餐」完成後，達文西再次將注意力轉向盧多維科的青銅雕像。然而這個作品始終沒有完成，不過這次並非達文西的錯。盧多維科和那不勒斯國王交戰，那不勒斯國王對於伊莎貝拉受到怠慢很是憤怒，法國國王則帶兵翻越阿爾卑斯山。米蘭飽受威脅。達文西本來要拿來做雕像的青銅被拿去製造打仗要用的加農砲。達文西花那麼多時間準備製造的雕像終究沒有成形。

雕像和繪畫對現在的盧多維科而言沒有那麼重要，他反倒想為城市製造武器和防衛工事。達文西設計了超過21公尺長的巨大投石機，有特殊發射機制，因此它能靜悄悄的運作。他發明了附有特殊手動曲柄的坦克車，在裡面的人能快速轉動它。他製造出一種可怕的戰車，附有旋轉葉片，讓敵人不敢靠近。

盧多維科毒殺姪子吉安，宣布自己是法定的米蘭公爵。但他的統治時間極為短暫。法國軍隊入侵義大利，攻城掠地。雖然盧多維科曾和法國國王聯盟，他卻背棄同盟關係，轉而加入其他義大利統治者，對抗入侵大軍。

結果他的下場淒慘。國王路易十二和他的法國大軍入侵米蘭，盧多維科帶著家人和財產逃離。米蘭被法國占領，入侵的軍隊接管街道。軍人對著達

飛彈和數學

想像你自己是負責巨大投石器的米蘭士兵。你和同袍即將陷入和法國軍隊的戰役中。法國人迅速逼近城牆，因此第一彈就射中目標至為重要。你要怎麼知道該將投石器放在哪裡？又要怎麼知道該如何瞄準以確保能擊中敵軍？你如何知道飛彈會飛多遠？

投石器能以時速約60英里（約為96.56公里）的速度拋發飛彈（約18公斤的石頭！）。達文西設計的投石器如此精巧，你可以改變飛彈的飛行方向（發射角度）。當發射角度高時，飛彈飛得高，卻飛不遠。如果放低角度，飛彈就能飛得較遠。

法國人逼近了！趕快開始計算！

距離＝速度×速度×飛行係數

你知道飛彈速度（時速60英里），你要設定投石器的發射角度。你只需要會跟著發射角度變動的飛行係數。

發射角度	飛行係數	發射角度	飛行係數
10°	0.023	45°	0.0672
30°	0.0582	60°	0.0582

我們看見法國軍隊的旗幟了！盔甲在陽光下閃閃發光！聽見戰馬噠噠的蹄聲！

快——在圖表裡找飛行係數。在方程式裡使用那個數字和速度。如果我們將發射角度設在30°，飛彈會飛多遠呢？

距離＝60×60×0.0582或距離＝209.52英尺

這個飛彈打不到現在位在250英尺遠的敵軍。嘗試另一個發射角度吧，看看哪個能命中目標。

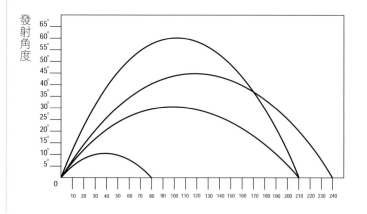

文西的陶土馬射箭取樂。國王路易十二認為「最後的晚餐」非常精緻，他想將那面牆搬回法國皇宮。

　　贊助者盧多維科已然離去，達文西在過去十八年來他稱之為家的城市處境堪慮。1499年9月，他帶著三只行李，與朋友帕西奧利、助手湯瑪索以及年輕的沙萊，倉皇逃離米蘭。

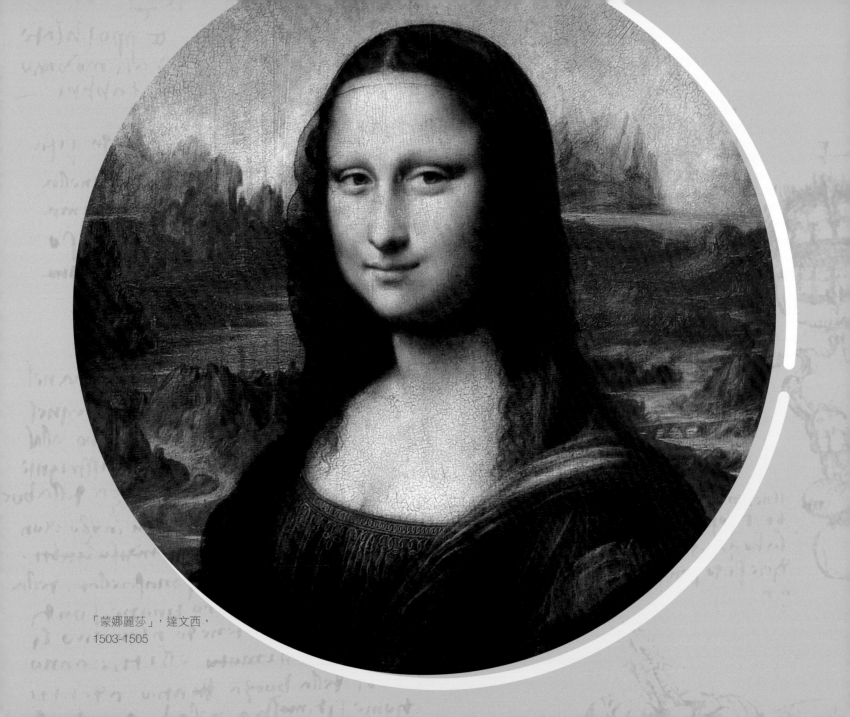

「蒙娜麗莎」，達文西，
1503-1505

Chapter 4

「我即永恆。」

義大利所有城市似乎都陷入混戰，不是對抗法國人就是彼此交戰，達文西不知該投效誰。儘管他能設計武器和防禦工事，又在好戰的統治者麾下服務過，他仍舊覺得戰爭是「殘忍的瘋狂」。

他有一陣子與盧多維科的弟妹伊莎貝拉·埃斯特住在曼圖亞。伊莎貝拉是個偉大的藝術贊助者，向來隨心所欲。她擁有當時所有著名畫家的畫，最大的願望是讓達文西畫她的畫像。他用鉛筆和粉筆畫了她的輪廓，告訴她有一天他會完成油畫。但他沒把這位女暴君的事放在心上，不久便離開她的莊園，前往威尼斯。

抵達威尼斯後，他聽說他以前的贊助者盧多維科曾試圖奪回米蘭。盧多維科曾短暫奪回城市，但又不敵法國人。他試圖偽裝成普通士兵逃走，不幸被識破，軍隊將他帶到法國囚禁。盧多維科在牢裡度過餘生。達文西在筆記本裡寫下這位贊助者的命運，旁邊則注記他那些在米蘭的朋友毀於戰爭的苦難。

威尼斯也有戰事，威脅來自土耳其軍隊的虎視眈眈。威尼斯的領袖聽聞過達文西的名聲，請他當軍事顧問。達文西大力鼎助。他建議打造水閘和水壩，將整個山谷淹沒，好淹死土耳其敵軍。達文西也發明了一種潛水衣，穿上後能潛進水裡，到敵軍船隻下方將船刺破，使得船隻沉沒。但在他的筆記本裡，他卻寫著他不會將潛水衣的祕密洩露給任何人知曉。他不想看到因為他的發明，使戰艦上的士兵葬身海底。

達文西後來離開威尼斯返回佛羅倫斯的老家。他已經離開許多年了，如今人事已非。羅倫佐已死，梅迪奇家族式微，委羅基奧大師也已過世，但達文西的父親仍然健在。七十四歲的他和第四任妻子盧克蕾西雅‧迪‧古列爾莫以及十一個孩子同住。

著名藝術家達文西回到城市，佛羅倫斯人非常開心。有些修道士讓達文西、沙萊和帕西奧利住在他們的修道院裡。達文西則協助修復教堂，為一位富可敵國的贊助者設計別墅。這時，他對擊打的特性產生興趣，主持幾項對聲音的實驗。他和帕西奧利大半夜還在研究數學。

達文西也從修道士那兒得到繪製一幅畫的委託工作，那幅畫就是「聖母子與聖安妮」。他的草圖震驚了市民。繪畫公開展示，人們魚貫來到畫前，敬畏又沉默的觀賞長達兩天。交纏的肖像和甜美

老人習作，達文西，1500

的表情讓人讚嘆。儘管達文西後來又繼續繪製了數年，不過再一次的，他並沒有完成這幅畫作。

1502年夏天，切薩雷・波吉亞來找達文西，想聘請他為軍事工程師。達文西在法國人入侵米蘭時認識了波吉亞。波吉亞協助法國攻城掠池，因此贏得一支軍隊和法國頭銜，即瓦倫提諾公爵。波吉亞是位嗜血的戰士，想要征服義大利中部。

做為軍事顧問，達文西的足跡遍及義大利中部，他拜訪了波吉亞掌理的所有城鎮。公爵要他檢查他征服的所有城堡和堡壘，以確保它們能隨時作戰。達文西在每個城鎮審視城牆，並提供防禦上的改善工事。他設計運河、水庫、壁壘和護城河。不管到哪裡，他都不忘追求自己的興趣所在。他在一個海濱城鎮設計防禦工事和放乾沼澤的技巧，同時研究海浪和潮水的移動。當波吉亞的軍隊入侵另一個城鎮時，

「聖母子與聖安妮」草圖，達文西，1498

聲音的本質

　　達文西是第一個指出聲音是以聲波方式傳遞的人。就像你丟石頭進池塘引發漣漪擴散，聲音也是以聲波方式從聲源開始傳遞。想像一連串的聲波從你的擴音器傳出來，當聲波抵達你的耳朵時，你便會聽到聲音。

　　聲波傳遞的速度稱為「頻率」。當聲波高速前進時（高頻率），聲音高亢；較慢的聲波（低頻率）聲音則較小。

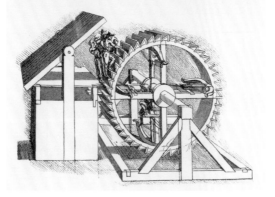

　　達文西立刻前去搶救書籍。在另一個小鎮，他畫了一幅特別有趣的樓梯素描，並探索噴泉的運作。在這段期間，他也設計了風車，並畫了長達約238公尺的拱橋設計圖。

　　為了協助波吉亞征服義大利中部，達文西繪製地區地圖。他用腳步測量空地和馬路的距離，畫下每條馬路和堡壘、高牆和大門，估算鎮上的建築和周遭的別墅。他甚至用色彩標示地圖，城鎮是綠色，鄉間是黃色，而護城河和河流是淡藍色。他的地圖估算和繪製完美。有這些地圖為後盾，波吉亞得以熟悉入城口、盲點和逃亡路線。地圖非常實用。達文西甚至將羅盤方位以及到鄰鎮的距離也標示在地圖中。這些地圖幫助波吉亞控制全義大利中部。

上：斯福爾扎城堡素描，達文西，1497
下：滑步十字弓素描，達文西，1488

藝術偵探

　　畫作可以買賣、贈與，也有可能被竊取、遺失或失而復得。有時它們會出現在最不可思議的地方。藝術史學家得像偵探般追蹤一幅畫的歷史，辨識偽作。

　　重要藝術作品有時會留有文字紀錄，比方畫作的初始合約、教堂庫存清單也會記錄，或擁有畫作的富人會在遺囑裡提到它。不過有時畫作就這麼遺失在歷史的翻轉中。達文西的一幅繪畫作品「柏諾瓦的聖母」消失長達三百年之久，然後突然出現在一位到處旅行的音樂家手中。他將畫賣給一個男人，後者在死時將繪畫遺贈給子女，子女們則將這幅畫捐贈給俄羅斯的隱士廬博物館。

　　另一幅畫作「聖傑若」也是失蹤了好幾世紀。有天，一名羅馬天主教會的紅衣主教在羅馬街道散步，不經意的望進櫥窗。他注意到有個櫃子上畫了一幅有趣的畫，那是聖傑若的頭部。紅衣主教認為它看起來來頭不小，於是買下了櫃子，這才得知是達文西的畫。接著他花了幾個月的時間在城市裡尋找畫作剩餘部分，最後他終於找到了——它變成鞋匠的長椅！紅衣主教也買下長椅，將畫拼湊起來。這幅畫現在掛在羅馬的梵蒂岡。

　　當「蒙娜麗莎」在巴黎羅浮宮遭竊時（參閱第89頁），全球出現幾幅偽作。它們的技巧如此高超，買家以為自己買的是真跡。博物館館長和藝術史學家必須熟知藝術家的技巧，辨識出最小的細膩筆畫，如此才能分辨真偽。

「聖傑若」細部，達文西，1480

地圖繪製的技巧

　　當達文西成為波吉亞的軍事工程師時，他繪製了許多地圖。地圖繪製師也稱做「製圖師」。達文西是第一批以鳥瞰觀點繪製地圖的製圖師之一。

材料
- 至少20公分長的桿子
- 供作參考的地圖　◆鉛筆
- 約22公分×28公分的紙　◆尺

　　地圖是一個地區的縮小比例圖解，像第59頁的義大利地圖。人們使用地圖來指引方向，因此正確性便很重要。繪製地圖時考量的要點是方向、比例和象徵。只要記得這些要點，你就可以繪製你的社區地圖，顯示你家到朋友家或學校的路徑。

　　首先，搞清楚羅盤指針（北、南、東、西）。教你一個簡單的方式。烈日當空時，將長桿用指向太陽的角度斜插在地面，如此一來就不會產生影子，接著離開差不多一個小時。當你

再回來時，由於太陽已經更往西邊移動，桿子現在會出現影子，而影子會指向東方。面向東方，南方就在你的右手邊，北方在左手邊，西方則在背後。

　　下一步，選擇地圖的縮小比例。參考其他地圖範本，一般而言1英吋代表10英里。而在你的地圖上，1英吋應該代表一個街區。標明你所用的比例，這樣使用地圖的人才能靠測量公分數來估算距離。為地標，比如房子、橋梁和鐵路，創造象徵符號。以尖塔代表教堂，旗子代表學校。打造「傳說」或加以解釋，這樣讀者才會了解符號的意義。

　　最後，繪製街道加以標示。用你發明的象徵符號來標示地標和建築。以不同色彩繪製地圖，像達文西那樣，好區分水域、陸地和馬路。畫上羅盤指針，如此一來，使用你地圖的人就能搞清東西南北。實驗看看你的朋友是否能成功使用你的地圖。

達文西痛恨戰爭。波吉亞是位殘暴的人，他甚至下令殺害自己的兄弟！達文西決定離開波吉亞麾下。

1503年3月，沙萊陪伴達文西回到佛羅倫斯。但即使身處在那兒他都無法逃離戰火，佛羅倫斯正在和海邊城鎮比薩交戰。達文西建議將亞諾河改道，如此一來，比薩將會沒有水源，被迫和平投降。

為了執行大河的改道任務，達文西設計出一種挖掘機器。他也許痛恨戰爭，但他喜歡工程計畫。他想到創造一系列運河的點子，如此船隻便可直航佛羅倫斯，不必在貿易上仰賴港鎮比薩。他設計幫浦和水閘。他認為水道能提供鋸木廠、造紙廠和其他工業動力。他也設計了一個由護城河圍繞的三環狀堡壘。堡壘的城牆彎曲，能打偏來襲的加農砲。他研發地下隧道和橋梁，萬一敵人入侵時，能輕易淹沒和毀壞。

達文西「安吉亞里戰役」描摹，
彼得·保羅·魯本斯，1605

那棵樹有多高？

達文西喜歡用猜測距離和高度的方式測試他的認知能力。他走路時會挑個遠方的物品，估算走過去所需的步數。他試圖猜測建築和樹木的高度。對繪畫和地圖繪製而言這是很棒的練習。但他如何知道自己是否正確？挑一棵樹，猜測高度，用下列技巧進行測量。

材料

◆ 至少20公分長的桿子　◆ 捲尺

在陽光普照的日子，將桿子插進土裡，露出約16公分，測量桿影的長度。挑一棵樹，測量其影子的長度，接著用簡單的方程式來估算樹的高度。

在這個例子裡，桿影長20公分，樹影則是長720公分，可以用下列方式估算樹的高度：

桿子的高度（16公分）乘以樹影的長度（720公分），是11520公分，再除以桿影的長度（20公分）。576這個數字就是樹的高度。

方程式如下：

$$樹高 = \frac{桿高 \times 樹影長度}{桿影長度}$$

在我們的例子裡：

$$樹高 = \frac{16公分 \times 720公分}{20公分} = 576公分$$

無論身在何處都被戰事包圍，毫不意外的，達文西的下一幅畫作描繪了戰爭場景。他被聘請在佛羅倫斯維奇奧宮的牆壁上作畫，於是他著手繪製安吉亞里戰役的場景。這是佛羅倫斯和米蘭於過去幾年發生的大戰，佛羅倫斯想以茲紀念。

達文西畫了一幅充滿仇恨和憤怒的景致。在這幅作品中，他試圖顯示戰爭的可怕。他耗時三年進行「安吉亞里的戰役」的畫作，而偉大的藝術家米開朗基羅則在對面牆壁上繪製不同戰爭場景。兩個作品都沒有完成。但維奇奧宮還是展示部分完成的壁畫，藝術家從各地前來觀賞。即使沒有完成，達文西的繪畫對佛羅倫斯人和

前來觀賞的藝術家仍造成極大衝擊。

　　達文西在筆記本裡寫下他想透過作品顯露的情感。他想畫下戰場的塵土飛揚、泥濘四濺和煙硝繚繞，以及恐懼和死亡的苦痛。他說：「箭從四面八方射來，馬兒拖著騎士的屍體，死者臉色慘白，一臉驚恐，眉毛高抬或悲痛的糾結，表情痛苦萬分……勝利者則用手抹掉眼睛和臉頰上的厚重泥土，那是被煙塵薰出的淚水造成的。」達文西再一次嘗試新技巧，在這幅繪畫中，他在灰泥牆上塗了好幾層焦油，並使用用亞麻仁油製造的油畫顏料。

　　1504年獲知父親過世的消息時，達文西正在繪製「安吉亞里戰役」。他著手這項工作時，再次試圖飛行，這次是從靠近佛羅倫斯的西塞里山頂峰。他在1506年被法國人叫回米蘭時仍在畫這幅作品。再一次的，他又留下一個未完成的作品。他嘗試融入許多細節，對於身為完美主義者的他，很難認為作品已經達到完美境界。

簡單機械

　　環顧家中周遭，你會看到許多設計用來讓生活更簡單輕鬆的機器。廚房裡的開罐器顯然就是其一，老虎鉗也是機械，窗戶上的百葉窗也是。基本上，機器是執行某種功用的工具。人們發明機器以幫助推、拉或舉高物品（也被視為在物品上施力）。有簡單機械，也有複合機器（意指包含兩種或更多種效能的機器）。

　　筆記本中許多達文西發明或素描的機械對他的時代而言太過複雜，要直到數世紀後才會被製造出來。但它們的構成要素只是簡單機械。

　　一個簡單機械是斜面。斜坡是它的一個例子。如果你想將箱子放到卡車上，你會發現，將它們滑上斜坡，會比將它們舉高至車床上要輕鬆許多。雖然看起來不像，但斜坡算是個機械。另一種簡單機械是槓桿。當你用拔釘鎚拔出牆壁上的釘子時，拔釘鎚就是槓桿。滑輪是簡單機械的另一個範例。倘若你窗戶上有百葉窗，你就可以觀察滑輪如何運作。它以繩索纏繞在頂端輪子的方式收起百葉窗。其他簡單機械的例子是螺絲起子、楔子、輪子和輪軸。達文西結合簡單機械，發明了許多複合機器，從起重機到投石器不一而足。

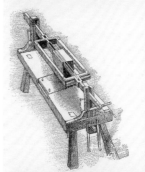

誰是蒙娜麗莎？

「蒙娜麗莎」是藝術史上最出名的畫作，被複製的次數超越其他畫作。但沒人知道畫裡的女人的身分。儘管達文西留下數千頁的筆記，卻對這幅作品隻字未提。

一名早期藝術史學家認為它是麗莎‧迪‧喬宮多的畫像，她是佛羅倫斯絲布商人，弗朗西斯科‧戴爾‧古奧康多的第三任妻子。在義大利，這幅畫稱做 *La Gioconda*，我們則叫它「蒙娜麗莎」，意味著麗莎夫人。畫作繪製當時喬宮多二十六歲，剛失去一個小孩。那解釋了她的黑色服裝和面紗，因為那是喪服。

關於女人的身分還有其他理論。有人說她是帕奇菲卡‧布蘭達諾，朱利安諾‧德‧梅迪奇的情婦；有人說她是吉安‧斯福爾扎的妻子伊莎貝拉；有人則認為是達文西漂亮母親的畫像；有人認為她美得不可能是真人，應該是理想女人之作；其他人則爭論

她一定是真人，因為她的五官非常有特色。有些藝術史學家甚至宣稱「蒙娜麗莎」是達文西的自畫像，他將自己畫成年輕女人。

而她在想什麼？她為何微笑？據傳在那位女人坐著讓達文西繪畫時，他請了樂師和小丑在工作坊裡表演，這樣她才會微笑。但這抹微笑也在達文西的其他畫作裡出現過。他試圖要告訴我們什麼嗎？這是安心還是心緒不寧的微笑？她身著喪服，身處陰鬱之中，為何還會微笑？

達文西隨身攜帶這幅畫。某些歷史學者表示，達文西離開佛羅倫斯時尚未完成它，所以他帶著畫到處走。如果這是真的，他畫完後為何未將畫作送至主人那邊？是報酬出了什麼問題嗎？或許那女人已經死了，或許委託人改變心意，不想要畫了。某些人則說，達文西愛上自己的畫，無法離開它。

達文西去世後，這幅畫被贈送給法國國王。17世紀晚期，國王路易十四將它搬至凡爾賽宮。路易十五不喜歡這幅畫，將它掛到宮殿偏遠之處。法國大革命期間，它被藏好，未受損害。拿破崙將畫放置在臥室裡。最後它被安放在巴黎博物館羅浮宮。在第一次和第二次世界大戰期間，它被送出巴黎保管。它只被借到其他國家博物館展覽過幾次。

現在這幅畫掛在羅浮宮，戒備森嚴，有厚實的防彈玻璃保護。每天都有洶湧的人潮前來觀賞。有人為它寫歌譜曲。一名羅浮宮警衛愛上「蒙娜麗莎」，對前來觀賞它的人群深感嫉妒。1911年，竊賊偷了這幅畫，藏在位於巴黎房間的行李箱中長達三年之久。他想將它走私到義大利時被逮捕，畫作後來歸還給法國。

不管她是誰，蒙娜麗莎都擄獲了百萬人的心。

「蒙娜麗莎」，達文西，1503-1505

繪畫本身就很賞心悅目，但如果你能審視並思索其蘊含的意義，繪畫將會帶來更多樂趣。當你在欣賞畫作時，就像在和藝術家對話。有些藝術家試圖闡明道德觀點；有些想對你展示純粹的色彩樂趣。你能推敲出其中的訊息嗎？

用自己覺得舒適的方式，慢慢來。你看到畫作的第一眼並不能盡窺全貌。站在畫作面前，看看它會帶給你什麼感覺。給它一點時間刺激你的視覺、心智和情感。

你正在觀看的是哪一種畫？你看的或許是風景畫、水果或花朵靜物畫、或肖像畫（如「蒙娜麗莎」）。你能辨別畫家是用油畫或水彩嗎？你能看見筆觸嗎？肖像有無輪廓，或畫家使用達文西的暈塗法技巧？畫的構圖為何？尋找圓形或三角形形狀。

尋找細節。在「抱著銀鼠的女子」那幅畫中（參閱第51頁），達文西畫著切奇利雅抱著銀鼠，因為那種動物是斯福爾扎家族的象徵，而切奇利雅是位朋友。藝術家常用特定物品作為象徵。在某些較古老的畫作中，狗象徵忠誠，水象徵生命，而骷髏頭象徵死亡。

畫家使用色彩來激發感情。畫家用了什麼色彩，你對它們有什麼感覺？有時色彩被用來做為象徵，因為用特定色彩畫某些事物已經成為傳統。聖母的袍子在傳統上是藍色的，達文西在「岩間聖母」這幅畫中便遵循這項傳統。看畫家如何繪製光線。光線設定情緒，強調特定肖像和物品。

思考繪畫的主題。你想那些人是誰？他們在做什麼？場景是現代還是過去？它發生在何處？人們如何穿著打扮？他們只是擺姿勢，或正在進行活動？想想畫家為何選擇這個特定主題。他或她也許想提出一個觀點，但是別忘了，畫家有時是被雇請來畫特定主題。如果你知道畫的繪製時間，了解一下當時的事件，想想它們會如何影響畫家。

最後，在日記裡寫下你對那幅畫的看法。你喜歡那幅畫嗎？喜歡或不喜歡的原因是什麼？它給你什麼感覺？它讓你聯想到什麼？讓你的想像力馳騁。或許

「岩間聖母」細部，達文西，1483-1486

它讓你想起一首歌，一個你認識的人，或非常喜歡的一本書。你認為畫家想向你表達什麼？為那幅畫寫個故事或一首詩。啟動你的靈感。

法國人非常欣賞達文西留在米蘭的作品，法國總督夏勒‧昂布瓦斯寫信給佛羅倫斯，要求達文西返回米蘭。於是達文西返回摯愛的城市。他像歸鄉的王子般受到熱烈歡迎，再度成為藝術圈的中心。總督請達文西設計一座宮殿，達文西於是設計了異國情調的花園和水池、柑橘樹、花圃和鳥舍。他還為花園設計風車，其動力能演奏樂器，還有一個地方能讓水突然噴出來澆溼路過的人，只是為了好玩。達文西再度被要求創造舞臺和娛樂，包括為國王路易十二設計的特別舞臺。官方也要求他著手運河系統，為城市創造一系列新水閘和水壩。

　　1507年，達文西的叔叔弗朗西斯科過世，因此達文西得返回佛羅倫斯奔喪。他在佛羅倫斯待了很長一段時間，法國人和路易國王都焦急的希望他再度返回米蘭。兩個城市展開搶人大戰，每個人都想要達文西的畫作。

　　身為藝術家，達文西正在藝術創作的顛峰。他現年五十五歲。幾年前，他畫了一幅女性站在露臺上靜靜微笑的畫像。他隨身帶著這幅畫，修修改改好幾年。他從未在筆記本裡寫過關於它的事，也沒留下畫中女人身分的線索。

　　這幅女性肖像畫，從她的皮膚毛孔、喉嚨血管到精緻的眉毛和熠熠發光的雙眼，全都逼真得不可思議。達文西以畫筆運用特殊技巧塗上薄層顏料，賦予繪畫彷若透光的效果。他繪製蒙娜麗莎的神祕微笑，讓數世紀以來的觀賞者都為之著迷。

脊椎的解剖素描，達文西，1510

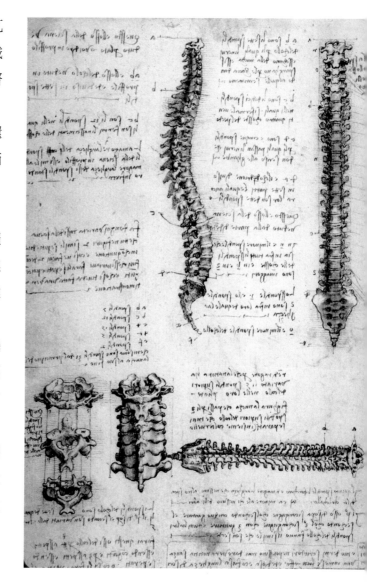

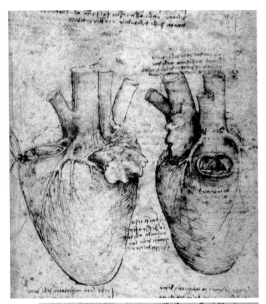

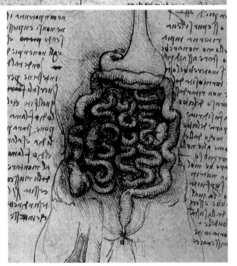

達文西在佛羅倫斯和米蘭間往返旅行時，認識了一名年輕的貴族弗朗西斯科・梅爾茲，兩人成為摯交好友。梅爾茲後來成為達文西的學生，學習繪畫藝術。之後，富有、出身高貴的梅爾茲成為達文西的助理，陪伴達文西度過餘生。

年末，達文西再度以宮廷畫家、工程師和藝術顧問的身分於米蘭復職。他彷彿回到在盧多維科麾下工作時的快樂時光。他能再次追求天文學和數學方面的興趣。他更熱忱的研究水和潮汐的屬性，發明測量水流的裝置。達文西設計了一個堤防和穿越山巒的長隧道。他還鑽研山巒的地形。

達文西也重新展開研究，這次他解剖了大約三十具屍體。他比較年邁老人和小孩的動靜脈後，發現了動脈硬化的病症。之後他專注在肌肉研究。他繪製精密的解剖圖，達成直到數世紀後才有人超越的成就。達文西想要了解從嬰兒到成人期的人體發展。他想了解生命的起源。

他解剖動物屍體，將其和人體比較。他研究植物，思索其與人體有何相類似的部分。在他關於地質學的筆記中，他將河流比喻成血液，土壤比喻成肌肉，岩山比喻成地球的骨頭。他在筆記裡寫道：「人類是世界的楷模。」

達文西回頭研究飛行，設計新的飛行機械。他鑽研雲和雨的特性。他接受一項委託工作，這次是為法國的一位將軍製作馬匹和騎士的青銅雕像。

心臟解剖習作，達文西，1513
腸子解剖習作，達文西，1504-1506
右頁：子宮內胎兒解剖習作，達文西，1510

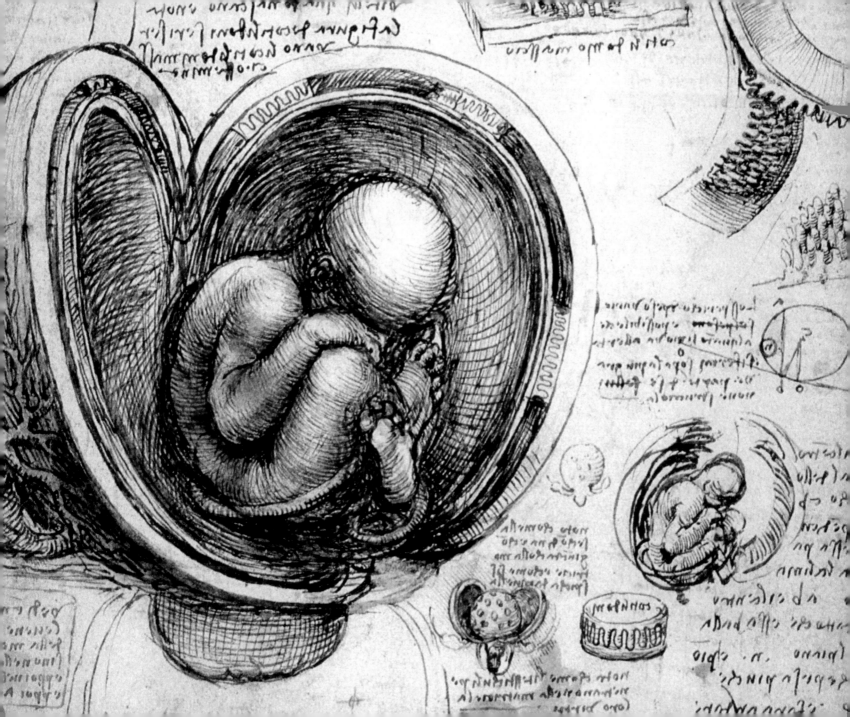

1512年，盧多維科的兒子馬克西米連帶兵襲擊法國人，將他們趕出米蘭。斯福爾扎家族再度掌權。而達文西再次失去贊助者，決定離開米蘭。他和梅爾茲與沙萊在鄉間的小房子住了一年。他六十一歲了，精力充沛，急著想要繼續進行他的工作，但是他不確定該何去何從。他用紅色粉筆畫了一幅自畫像，疲態表露無遺。達文西現在是位老人了，有著雪白鬍子和沉重的眉毛。

梅迪奇家族已不再統治佛羅倫斯，但卻轉往羅馬，成為權勢貴冑。羅倫佐的一個兒子成為教宗，另一個兒子朱利亞諾是教宗軍隊的總司令。羅馬在興建教堂，很缺藝術家，朱利亞諾找上了達文西，請他來羅馬。在達文西待在這個偉大都市的期間，朱利亞諾是他的贊助者。

儘管年事已高，健康不如以往，達文西仍舊活力十足，熱情的追尋他的興趣。梵蒂岡花園滿是異國植物，他利用這段時間探索植物。他寫了一份關於聲音和嗓子的論文。他設計了能製造繩子和鑄幣的機械。他主持了將城外沼澤水排乾的計畫。他鑽研光學，打造鏡子。他提出用鏡子和太陽能來創造能量，為工業煮沸水。

儘管如此，他待在羅馬的這幾年，他過得並不快樂。他的兩個助理生性懶惰，還竊取他的點子賣給其他人。其中一名助理公開控告他會巫術，教宗遂禁止達文西進行解剖研究。

「施洗者聖約翰」，達文西，1513-1516

文藝復興時代的藥草花園

達文西小時候就愛研究生長在文西的藥草。他在羅馬時鑽研植物學。他為夏勒‧昂布瓦斯和法蘭索瓦國王設計花園。你可以在自家廚房裡弄個藥草花園。

材料

- ◆ 報紙　◆ 小石子
- ◆ 有洞的陶土花瓶或盛水盤（或其他容器，比如塑膠鑲邊的籃子或茶杯和茶碟）
- ◆ 泥鏟或大湯匙　◆ 盆栽土壤
- ◆ 種子或幼苗（在苗圃或花店買這些，見下文的建議）
- ◆ 彩色馬克筆　◆ 自黏標籤　◆ 日記

為你的植物選個每天直接日照至少5小時的地點，如陽光普照的窗臺或陽臺。將報紙鋪在地板上做為工作據點。準備盆栽，在底部鋪約1.3公分厚的小石子，然後裝滿土壤。

種子和幼苗上的指示會告訴你該種多深，相距多遠。它們也會告訴你，種子會在何時發芽，該多常澆水。大部分的藥草喜歡潮溼的土壤（但不要溼答答的）。用馬克筆製作裝飾性標籤，注明植物名稱，貼在盆栽上以利辨識。

找一本花藝日記，記錄播種和發芽的日期。畫下植物的成長概況，記下它們的拉丁學名。仔細留意每種植物的葉子、花朵和種子都不同。

經常修剪，以保持植物茂盛，開花前就收割。對於有大葉子的藥草（比如羅勒），從莖上修剪下葉子，在冷水裡洗淨。將葉子鋪在報紙上，放在陰暗乾燥的房間裡晾乾。至於葉子小的藥草，將整把綁在一起，倒掛在陰暗乾燥之處。等葉子變脆變硬，將它們壓碎，存放在乾淨罐子裡。確定要將每個罐子貼上標籤，寫上名字和日期。藥草可以保存長達一年。

建議種植的藥草有迷迭香、鼠尾草、百里香、羅勒、牛至、薰衣草、月桂、薄荷、茴香和夏香薄荷。

達文西痛恨不能進行他的實驗，自覺一無是處、鬱鬱寡歡。他鎮日待在工作坊裡，埋首寫災難的長篇大論，素描洪水和暴風。他曾目睹的戰爭和毀滅糾纏著他。在這段艱困期間，他還是完成最後作品，「施洗者聖約翰」。他繪製的聖人面帶微笑，就像「蒙娜麗莎」，而且手指還指向穹蒼。

　　在這段時間，新法國國王登基。法蘭索瓦一世很想奪回米蘭，他當上國王後的第一個行動就是揮軍越過阿爾卑斯山脈，重新征服米蘭。

　　法蘭索瓦國王高大英俊，肩膀寬闊，心胸寬大，他沒有囚禁馬克西米連・斯福爾扎，而是讓他以朋友身分待在宮廷。法蘭索瓦深好哲學、科學和藝術，他聽聞達文西的盛名，非常想見見他。

　　他們在羅馬和法國舉行和談時見面了。達文西打造了一隻機械獅子，以表達對統治者的敬意。在開幕儀式中，獅子靠著彈簧動力雙腿走到國王面前停了下來，胸膛上的暗門打開，露出法國國花鳶尾花。法蘭索瓦龍心大悅，請達文西到法國當他的常駐藝術家。

　　1516年夏天，達文西接受法蘭索瓦的邀請。他離開義大利時，一路走訪了佛羅倫斯和米蘭，花了三個月與家鄉及朋友道別。他的行李裡滿是筆記本和補給用品，還有三幅畫──「蒙娜麗莎」、「施洗者聖約翰」以及「聖母子與聖安妮」。達文西知道此去不會再回義大利。他定居在羅亞爾河谷克盧克斯的鄉間別墅，離皇家城堡走路只有一小段路。他成為首席御用畫家、建築師和工程師。

　　國王贈與他好幾畝的土地，上有花園、葡萄園、可釣魚的溪流和茂密森林。達文西、梅爾茲和沙萊住在白石和磚塊砌成的房子裡，有大型石砌壁爐

和許多窗戶。國王常來拜訪達文西，喜歡與他討論哲學問題。達文西為國王設計了一個有城堡、繁複花園、運河、噴泉、湖泊和公園的城鎮。他現在一隻手臂癱瘓，無法再拿畫筆，但他還是可以指導學生，即梅爾茲的作品。達文西在筆記本裡寫道：「我即永恆。」他從未放棄研究和工作。

　　某天，阿拉貢紅衣主教來拜訪達文西，他的祕書安東尼奧記錄了那天的經過。達文西讓他們看他的畫。他也讓他們讀他的解剖學和繪畫筆記、探討水的性質的記事本，以及許多機械設計。他常在筆記本裡寫下這樣一句話：「告訴我是否有任何事已經完成了？」但在他訪客的眼中，他成就斐然。

　　達文西在六十七歲時寫下遺囑。他知道自己身體欠佳，正邁向死亡。他將錢和土地留給沙萊以及同父異母的兄弟和僕人。他將所有的書、文章和畫作留給梅爾茲。1519年5月2日，達文西在法蘭索瓦國王懷中溘然長逝。

你碰觸的河流之水是過去之結尾，
未來之開端，就像當下的時間。
　　　　　　　　——達文西

「自畫像」，達文西，1512

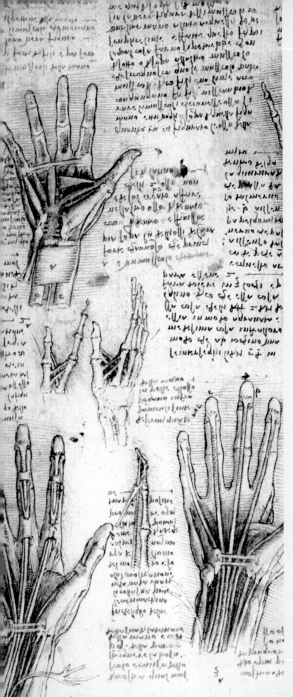

手的解剖習作，達文西，1510

名詞解釋

Abacus 算盤：一種在桿子上滑動珠子來演算的工具。

Altarpiece 祭壇背壁裝飾畫：教堂祭壇背後的宗教繪畫。

Alloy 合金：至少一種金屬與另一種物質的混合。

Anatomy 解剖：人體和動物軀體的研究。

Annunciation 聖母領報：馬利亞從天使加百列那得知自己懷了上帝之子。

Appreticeship 學徒制：年輕人在工藝匠大師或商人下學習技藝數年的制度。學生，或學徒，用工作來交換貿易或工藝訓練。

Bottega 工作坊：工作室。

Cast 鑄造：將液體（比如融化的金屬或熟石膏）倒入模型並等它硬化的雕像製造方式。

Chiaroscuro 明暗對比法：義大利文，意指在繪畫中以光線和陰影的對比來凸顯明暗。

City-State 城邦：參閱第 59 頁的補充說明。

Commission 委託工作：在藝術界中委託創造藝術品的正式合約。

Composition 構圖：繪畫中肖像的位置安排。

Classic, classical 古典：古代的希臘或羅馬藝術。這類藝術以對稱和和諧著稱。

Fresco 溼壁畫：義大利文意指「新鮮」。在藝術裡，此字意味著將水彩顏料塗到溼灰泥上的技巧。繪畫於是成為牆壁的永久表面。溼壁畫同時用來描寫這種技巧和繪畫。

Gothic buildings 哥德式建築：1200 年至 1500 年的中古建築，以尖塔和尖頂拱門著名。

Guild 公會：各種行業的人在一起組成協會或公會。這些組織決定行業行規並制定服務價碼。

Lute 魯特琴：一種弦樂器。

Masque 化妝舞會：化妝派對。派對參與者會穿著戲服，表演戲劇和舞蹈。

Medium 媒介：藝術家用來創造藝術品的材料，比如顏料、陶土、石頭或木頭。

Monastery 修道院：修道士做為住家的建築。

Oil Paint 油畫：油畫在十五世紀中期由北歐傳入義大利。由粉末顏料或顏色和亞麻仁油混合而成。

Patron 贊助者：藝術家的富有贊助商；資助藝術家的人，如此一來，他或她可以安心創作，不用擔心生計。

Perspective 透視法：藝術家用來讓繪畫裡的物品呈現景深和體積感的一種技巧。

Pigment 顏料：與液體混合的粉末，會產生色彩。

Pope 教宗：羅馬天主教會領袖。

Portrait 畫像：特定人士的肖像畫。

Propotion 比例：肖像尺寸和其部分尺寸的關係。

Regent 攝政：代替未成年或無法行使統治權的統治者來執行王國統治的人。

Renaissance 文藝復興：參閱第 32 頁的補充說明。

Scale 比例尺：相對尺寸。一段用來代表較大單位的測量長度（比如，圖表上 1 公分實際上等同於 1 公里。）

Sculpture 雕像：雕塑、剪裁或鑄造材質成為雕像的藝術；也指雕像本身。

Self-portrait 自畫像：藝術家繪製自身的畫像。

Sfumato 暈塗法：義大利文意指「煙霧繚繞」，暈塗法是達文西採用的一種技巧，顯示柔和輪廓和模糊陰影。

Tempera 蛋彩：粉末顏料和蛋黃混合而成的顏料，在十五世紀非常風行。

Three-dimensional 立體：呈現長寬和深度。

Two-dimensional 平面：只呈現長寬。

Vanishing point 消失點：繪畫中，所有平行線似乎匯聚的單一一點。

Villa 別墅：鄉間房屋和地產。

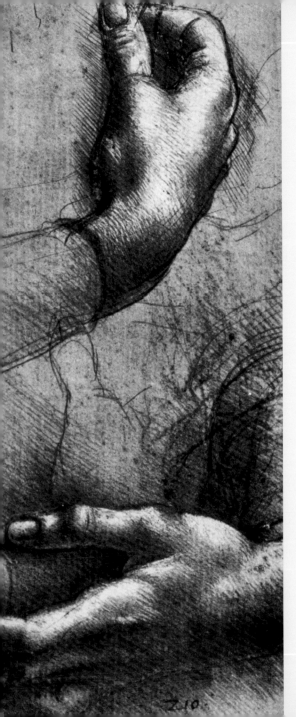

文藝復興時期重要人物簡介

波提且利（1444-1510）是他那個時代最重要的藝術家之一。波提且利是個貧窮的學生，所以他父親將他送去金匠那裡當學徒。他跟著菲力比諾·利比大師學畫，但他受委羅基奧的影響很深。最後他成為富裕的梅迪奇家族的寵兒。波提且利是在羅馬協助打造梵蒂岡的許多藝術家之一。1495年，他成為傳教士薩佛納羅拉的追隨者，後者譴責富人的生活方式。在薩佛納羅拉的影響下，據說波提且利燒毀了自己的許多畫作。幸運的是，他許多美麗且充滿詩意的畫仍然流傳了下來，我們今日才得以欣賞。波提且利以線條大師著稱，這意味著他畫中的肖像繪製精確，但仍舊散發夢幻色彩。你可以在第33頁欣賞到他的傑作之一，「賢士來朝」。

喬托（1266-1337）是佛羅倫斯畫家、建築師和雕刻家。對許多藝術史學者而言，他代表義大利繪畫的開端；也有人說他是首位現代藝術家。喬托是位設計和構圖大師。他創作出雄渾有力、肖像逼真和原創性十足的繪畫。他深受畫家契馬布埃的影響，早年待在羅馬。他也在那不勒斯工作，但後來返回佛羅倫斯從事城市大教堂的建造工作。

手臂和手習作，達文西，1474

馬薩其奧（1402-1428）是佛羅倫斯畫家。他在二十一歲時使用繪畫的科學透視法，催生了一種藝術新風格。他細心構圖的溼壁畫深深影響達文西和許多文藝復興藝術家。我們對馬薩其奧的早年所知不多。他曾一度是醫師公會成員。他的藝術家生涯短暫，死時才二十七歲。本書第 32 頁可見他的畫作「逐出伊甸園」的細部。

米開朗基羅（1475-1564）是義大利雕刻家、畫家、建築師和詩人，他是達文西最大的敵手。米開朗基羅生於卡普雷塞，是個下級官員的兒子。他在孩童時期搬去佛羅倫斯，曾短暫在藝術家吉爾蘭戴歐手下當過學徒，而後他搬去雕刻家貝托爾多在梅迪奇花園的工作坊效力。從他早年開始，他就深受雕刻吸引；他對雕像和人體的熱愛反映在他的繪畫裡。在贊助人羅倫佐去世後，米開朗基羅搬去羅馬，致力於教宗儒略二世的墳墓和繪製西斯汀禮拜堂的天花板溼壁畫。這位靈感泉湧的天才的傑出雕像包括英雄式的年輕人「大衛像」，和「聖殤」，基督躺在母親的大腿上。他也完成了羅馬聖彼得大教堂的圓頂。米開朗基羅的作品以超凡的美和力量著稱。他是他那個時代最聞名遐邇的藝術家，可能也是有史以來最偉大的雕刻家。第 33 頁可見他的繪畫「聖家族」的細部。

佩魯吉諾（1446-1524）是繪製西斯汀禮拜堂壁畫的畫家之一。這位羅馬藝術家的本名是彼得羅・萬努奇，他的名字佩魯吉諾取自出生地佩魯加。他是委羅基奧工作坊裡的學生，後來成為偉大藝術家拉斐爾的老師。佩魯吉諾的溼壁畫、畫像和祭壇背壁裝飾畫以甜美和諧聞名。翻到第 30 頁欣賞他的繪畫「交鑰匙」，注意畫作完美平衡和沉穩。

拉斐爾（1483-1520）被視為文藝復興時期的最重要畫家，他的繪畫後來界定了這個時代。出生於烏爾比諾的拉斐爾是畫家之子。他在佩魯吉諾手下受訓，很快就超越了他的老師。他深受達文西和米開朗基羅影響；在他的繪畫〈雅典學院〉中，他將達文西當作他的模特兒之一。他被召去羅馬協助美化梵蒂岡，後來成為非常成功的藝術家，據說他的生活「比較像王子，而非畫家」。你可在第 32 頁看見他的畫作「勝利的聖邁可」細部和在第 33 頁的繪畫「聖女的婚禮」。

提香（1477-1576）出生於卡多里小鎮，小時候搬去威尼斯，在畫家和馬賽克藝術家瑟巴斯提亞諾・祖卡多手下學習。威尼斯藝術家以他們的色彩運用聞名，提香成為了色彩大師，他的作品色彩繽紛，非常具有表達性。活到近一百歲的提香引發繪畫革命，對其他藝術家影響甚巨；他是史上最重要的藝術家之一。本書第 33 頁可見他的畫作「神聖與世俗之愛」的細部。

委羅基奧（1435-1488）是義大利畫家、金匠和雕刻家。他以達文西的老師著稱，但他是佛羅倫斯最鼎盛時期最優秀和成功的藝術家之一。委羅基奧是製磚工的兒子，本名是安德烈・迪・米凱萊・迪・弗朗西斯科・喬尼，但他叫自己委羅基奧，以老師朱利亞諾・達・偉羅奇之名命名。在那時，從老師名字取名是慣例。他後來成為文藝復興時代最重要的雕刻家之一，和那時代幾位最偉大藝術家的老師。你可以在第26頁欣賞他的雕像作品「大衛」。

▨ 歷史人物

切薩雷・波吉亞（1476-1507），這位瓦倫提諾公爵是冒險家、冷酷無情的戰士、軍事領袖和紅衣主教。他曾嘗試征服義大利中部，但以失敗告終。他離開義大利，最後戰死沙場。馬基維利的《君王論》據說就是取材於他對波吉亞的觀察。

哥倫布（1446-1506）是義大利航海家，他橫越大西洋，在1492年發現美洲。西班牙國王斐迪南和皇后伊莎貝拉資助他到遠東的航海探險。哥倫布一路向西航行，從未實現抵達遠東的夢想；但他的發現新世界之舉改變歷史走向。

哥白尼（1473-1543）是波蘭天文學家，他發展出地球和其他行星繞太陽公轉的理論。哥白尼在義大利教授他的理論。

伊莎貝拉・埃斯特（1474-1539）是曼圖亞的侯爵夫人，出生自義大利貴族世家。她的兄長是紅衣主教。她是位藝術贊助者，收集許多藝術家的作品，包括達文西。

法蘭索瓦一世（1494-1547）自1515年登基成為法國國王，直到死去。他是藝術愛好者，將達文西帶至法國，資助拉斐爾，並讓提香為他作畫。

達伽馬（1469-1524）是葡萄牙航海家。他在1498年繞過非洲，發現從葡萄牙航至印度的航線。他的四艘船在隔年返回葡萄牙，滿載著遠東的香料和其他貨品。

約翰尼斯・古騰堡（1398-1468）是德國印刷業者，於1438年發明活字印刷術，並使用它來出版《聖經》。他的全名為約翰尼斯・古騰堡・基恩斯費爾施，但他偏好使用中間名（他的姓氏在德文裡意味著「雞皮疙瘩」）。

路易十二（1462-1515），以「人民之父」著稱，是 1498 年至 1515 年間的法國國王。他是查理·德·奧爾良的兒子，瓦羅亞—奧爾良支系的創立者。

馬丁·路德（1483-1546）是位德國修士和學者。1517 年他在威登堡大教堂的門上釘上抗議信以挑戰教會權威。他的行為引發新教改革，改變了歷史。

尼可洛·馬基維利（1469-1527）是義大利政治家。他在《君王論》裡闡述政府和權力，此書以對無情的波吉亞和那時代其他有權勢的人的近身觀察為基礎撰寫而成。

麥哲倫（1480-1521）是葡萄牙航海家，他從西班牙帶領五艘船隻啟航。他尋找並發現繞過南美洲，橫越太平洋，發現菲律賓群島的航線。他在此地遭到殺害，但他的船員繼續旅程，完成第一次環球之旅。

羅倫佐·梅迪奇（1449-1492）以「偉大的羅倫佐」著稱。他是權勢如日中天的富有政治家和佛羅倫斯的統治者。羅倫佐在僅二十歲時就治理佛羅倫斯。在他的治下，佛羅倫斯和其藝術家繁盛昌榮。羅倫佐也是位詩人，熱中於收集美麗事物。

盧多維科·斯福爾扎（1451-1508）只當了五年的米蘭公爵，那是在 1494 年至 1500 年年間，但他以姪子之名統治米蘭多年。達文西這位富有的贊助者是義大利權傾一時的傭兵，或說聘請的軍事領袖的兒子和孫子。他們的城堡，斯福爾扎城堡，仍舊屹立於米蘭，現在是收藏許多重要歷史和藝術文物的博物館。

「戰士半身像」細部，達文西，1477

洪水細部，達文西，1514

參考資源

⧄ WEB SITES TO EXPLORE

藝術和歷史

探索達文西（**Exploring Leonardo**）
http://www.mos.org/sln/Leonardo/
leoHomePage.html
這是波士頓科學博物館的一個網頁。

文西達文西博物館（**The Leonardo Museum in Vinci**）
www.museoleonardodavincifirenze.
com

羅浮宮（**The Louvre**）
https://www.louvre.fr/
在此可以觀賞巴黎羅浮宮博物館的珍藏。

美國國家藝廊（**National Gallery of Art**）
http://www.nga.gov
在此網頁觀賞國家藝廊珍藏。

虛擬文藝復興（**Virtual Renaissance**）
http://www.twingroves.district96.k12.
us/Renaissance/VirtualRen.html
歷史人物帶你導覽文藝復興。

科學

美國賞鳥學會（**American Birding Association**）
http://www.americanbirding.org/
在此可學習鳥類知識。

請教數學博士（**Ask Dr. Math**）
http://mathforum.org/dr.math/
在此得到數學答案。

比爾教科學（**Bill Nye, The Science Guy**）
https://www.facebook.com/billnye/
一個很有趣的科學網站。

線上人體解剖（**Human Anatomy On-line**）
http://www.innerbody.com/indexbody.
html
此網站包含超過一百張人體圖解。

伽利略博物館
http://www.imss.fi.it/

史密森尼學會（Smithsonian Institute）
https://www.si.edu
這網站滿是有趣的科學。

飛行是一切（To Fly Is Everything）
http://invention.psychology.msstate.edu/
這是座飛機的虛擬博物館。

哪裡可以看達文西的作品？

「基督受洗」（與委羅基奧合作）
（Baptism of Christ with Verrocchio）
義大利佛羅倫斯烏菲茲美術館

「聖母領報」（The Annunciation）
義大利佛羅倫斯烏菲茲美術館

「女子肖像」（Portrait of Ginevra）
美國華府國家藝廊

「賢士來朝」（Adoration of the Magi）
義大利佛羅倫斯烏菲茲美術館

「聖傑若像」（St. Jerome）
義大利羅馬梵蒂岡博物館

「岩間聖母」（Virgin of the Rocks）
法國巴黎羅浮宮

「抱著銀鼠的女子」（Lady with Ermine）
波蘭克拉考恰爾托雷斯基博物館

「最後的晚餐」（The Last Supper）
義大利米蘭恩寵聖母修道院

「蒙娜麗莎」（Mona Lisa）
法國巴黎羅浮宮

「聖母子與聖安妮」（Study for Virgin and Child with St. Anne）
英國倫敦國家藝廊

「自畫像」（Self-Portrait）
義大利杜林皇家圖書館

「施洗者聖約翰」（St. John the Baptist）
法國巴黎羅浮宮

溫莎城堡皇家博物館收藏了數百幅達文西的素描。

米蘭科學博物館有一整樓專門展示達文西的發明。

義大利文西有一整座專門展覽達文西的博物館——即達文西博物館。

◤ 圖片出處

頁碼

6　人體比例圖，達文西，1492。伍德河藝廊提供

12　麗達的頭像習作，達文西，1505-07。星球藝術提供

14　聖母子習作細部，達文西，1478。星球藝術提供

20　「基督受洗」細部，委羅基奧和達文西，1472-1475。伍德河藝廊提供

22　「賢士來朝」細部，達文西，1481-1482。伍德河藝廊提供

24　「音樂家肖像」，達文西，1400。星球藝術提供

26　大衛像，委羅基奧，1476。紐約埃里希·萊辛／藝術資源提供

28　上：「獻金」，馬薩其奧，1427。星球藝術提供

下：「寶座聖母像」（祭壇背壁裝飾正面），杜奇歐，1308-1311。星球藝術提供

30　上：「時令之書」的〈八月〉，林堡兄弟，1413-1416。星球藝術提供

下：「交鑰匙」，佩魯吉諾，1481。星球藝術提供

31　「聖母的康乃馨」，達文西，1470年代晚期。星球藝術提供

32　上：「逐出伊甸園」，馬薩其奧，1425-1428。星球藝術提供

下：「勝利的聖邁可」細部，拉斐爾，1518。星球藝術提供

33　左上：「賢士來朝」細部，波提且利，1475。星球藝術提供

右上：「聖女的婚禮」細部，拉斐爾，1504。星球藝術提供

左下：「神聖與世俗之愛」細部，提香，1514。星球藝術提供

右下：「聖家族」細部，米開朗基羅，1503。星球藝術提供

36　「基督受洗」細部，委羅基奧和達文西，1472-1475。伍德河藝廊提供

37　「聖母領報」，達文西，1473-1475。伍德河藝廊提供

40　「賢士來朝」，達文西，1481-1482。伍德河藝廊提供

41　兩層樓的城市繪圖，達文西，1490年代早期。星球藝術提供

42　「柏諾瓦的聖母」細部，達文西，1480。星球藝術提供

44　人體比例圖，達文西，1492。伍德河藝廊提供

45　「抱著魯特琴的天使」，達文西，1490年代。伍德河藝廊提供

47　手和手臂習作，達文西，1510。星球藝術提供

49　女性身體的解剖習作，達文西，1506-1508。星球藝術提供

51 「抱著銀鼠的女子」，達文西，1485。伍德河藝廊提供

52 「岩間聖母」，達文西，1483-1486。紐約埃里希‧萊辛／藝術資源提供

53 頭顱的解剖習作，達文西，1489。星球藝術提供

54 兩層樓的城市繪畫，達文西，1490年代早期。星球藝術提供

58 上：機械零件素描，達文西，1480。伍德河藝廊提供

下：滑步十字弓素描，達文西，1488。伍德河藝廊提供

59 上：佛羅倫斯城市細圖。星球藝術提供

下：義大利地圖，1600。星球藝術提供

60 聖安妮頭部習作，達文西，1508-1510。伍德河藝廊提供

63 貓與龍習作，達文西，1513-1514。星球藝術提供

65 人體比例素描，達文西，1488-1489。星球藝術提供

66 米蘭大教堂圓頂習作，達文西，1488。星球藝術提供

67 圓頂教堂習作，達文西，1485-1490。星球藝術提供

69 圖解飛行機器，達文西，1486-1490。伍德河藝廊提供

71 「最後的晚餐」，達文西，1495-1498。紐約斯卡拉／藝術資源提供

72 左上：「最後的晚餐」習作，達文西，1497。星球藝術提供

右上：「安吉里亞戰役」習作，達文西，1503-1504。星球藝術提供

左下：橡樹葉和諷刺畫的老人，達文西，1490年代晚期。星球藝術提供

右下：老人習作，達文西，1500。星球藝術提供

74 「最後的晚餐」細部，達文西，1495-1498。紐約斯卡拉／藝術資源提供

「麗達和天鵝」畫作細部，達文西，1505-1507

107

78 「蒙娜麗莎」，達文西，1503-
1505。伍德河藝廊提供

80 老人習作，達文西，1500。星球
藝術提供

81 「聖母子與聖安妮」草圖，達文
西，1498。伍德河藝廊提供

82 上：斯福爾扎城堡素描，達文
西，1497。星球藝術提供

下：滑步十字弓素描，達文西，
1488。星球藝術提供

83 「聖傑若」細部，達文西，
1480。伍德河藝廊提供

85 達文西的「安吉亞里戰役」描
摩，彼得・保羅・魯本斯，
1605。伍德河藝廊提供

89 「蒙娜麗莎」，達文西，1503-
1505。伍德河藝廊提供

90 「岩間聖母」細部，達文西，
1483-1486。紐約斯卡拉／藝術
資源提供

91 脊椎的解剖素描，達文西，
1510。星球藝術提供

92 上：心臟解剖習作，達文西，
1513。星球藝術提供

下：腸子解剖習作，達文西，
1504-1506。星球藝術提供

93 子宮內胎兒解剖習作，達文西，
1510。星球藝術提供

94 「施洗者聖約翰」，達文西，
1513-1516。紐約斯卡拉／藝術
資源提供

97 「自畫像」，達文西，1512。伍德
河藝廊提供

98 手的解剖習作，達文西，1510。
星球藝術提供

100 手臂和手習作，達文西，1474。
星球藝術提供

103 戰士半身像細部，達文西，
1477。星球藝術提供

104 洪水細部，達文西，1514。星球
藝術提供

107 「麗達和天鵝」畫作細部，達文
西，1505-1507。星球藝術提供

109 垂墜布塊細部習作，達文西，
1496。星球藝術提供

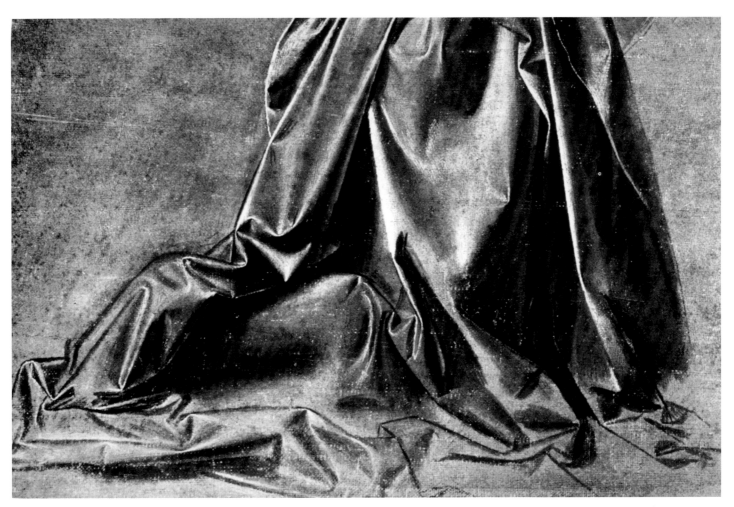

垂墜布塊細部習作，達文西，1496

NOTE

....

....

....

....

....

....

....

....

....

國家圖書館出版品預行編目（CIP）資料

跟大師學創造力 4：達文西的藝術創舉 +21 個趣味活動 / 珍妮
斯 ‧ 賀伯特 (Janis Herbert) 著 ; 陳佳琳譯 . -- 初版 . -- 新北市 :
字畝文化創意出版 : 遠足文化發行 , 2018.04
　　面 ；　公分 . -- (Stem；5)
譯自：Leonardo da Vinci for kids : his life and ideas: 21 activities
ISBN 978-986-96089-9-2(平裝)

1. 達文西 (Leonardo, da Vinci, 1452-1519) 2. 藝術家 3. 傳記 4.
通俗作品
909.945   107005360

STEAM005
跟大師學創造力4：達文西的藝術創舉+21個趣味活動

作者｜珍妮斯‧賀伯特 Janis Herbert　譯者｜陳佳琳

字畝文化創意有限公司
社長兼總編輯｜馮季眉　責任編輯｜吳令葳
封面設計及繪圖｜三人制創　美術設計及排版｜張簡至真　校對｜李承芳

出版｜字畝文化／遠足文化事業股份有限公司
發行｜遠足文化事業股份有限公司（讀書共和國出版集團）
地址｜231新北市新店區民權路108-2號9樓
電話｜(02)2218-1417　傳真｜(02)8667-1065
客服信箱｜service@bookrep.com.tw　網路書店｜www.bookrep.com.tw
團體訂購請洽業務部 (02) 2218-1417 分機1124

法律顧問｜華洋法律事務所　蘇文生律師　印製｜中原造像股份有限公司

2018 年 4 月 25 日　初版一刷　定價：380元　書號：XBST0005　ISBN：978-986-96089-9-2
2024 年 8 月　　　初版八刷